子どもの荒れにどう向き合うか

いま、教師でありつづけるために

［著者］杉田雄二
［解説］折出健二　愛知教育大学教授

高文研

◆——もくじ

第Ⅰ部 〝全面戦争〟からの生還

第Ⅱ部　〔対談〕嵐の一年を振り返って

愛知教育大学教授　折出　健二
杉田　雄二

装丁＝商業デザインセンター・松田礼一

本書に登場する人物名はすべて仮名です。

第Ⅰ部

〃全面戦争〃からの生還

まだ昨夜のアルコールが残っていた。頭はボーッとしている。しかし、あわてて香典を用意すると、亡くなった教え子の家へと向かった。七年前、部活動で教えた生徒だった。何に悩んでいたのか、自殺であったらしい。酒臭い体のまま訪れた私を、父親は嫌な顔もせずに迎えてくれ、彼女の顔を見せてくれた。父親によると、彼女のお腹の中には赤ちゃんがいたのだが、そのことを知った男とのやりとりの中での自死だったという。

「農薬を家に置いてあったのが悔やまれます。農薬を飲んでしまったんです」

父親のつらそうな言葉が胸を締めつけた。穏やかな死に顔だった。豪快な彼女の走り幅跳びのフォームがよみがえってきた。

私はこれから失踪しようとしている。その引き金をつくったのは彼女の死であったとも言えなくはない。そんな思いが頭をかすめたが、とにかく今は行動しかない。思いを断ち切って彼女の家を辞去し、学校へと向かった。

退職願い

その日は修学旅行の代休であった。したがって私の学年の職員は誰も学校に来ていない。そのガランとした職員室の一角めがけ、私は足速に自分の席へと進んだ。その表情があまりにも険しかったためか、席にいる職員の誰もが声をかけることすらできない。

私は無言のまま、机の上と引き出しの中のものを片付け、段ボールに詰めると、とりあえずそれを司書室に運び込んだ。片付けるというより捨てると表現したほうが正確だったかもしれない。教員は辞めるつもりだったので、いずれ塾で雇ってもらうのに有効と思われる独自開発の教材などだけは捨てずにおいた。

教頭だけが異様な私の行動に「何があったんだよ」と声をかけてきた。私は無視した。そして三学年の連絡用ホワイトボードに「すべて高木先生の指示通りに」と書いた。私が失踪する原因となるトラブルの相手であった。さらに高木先生の机上に「代わりの先生が来るまで国語は教科書を写すことをやらせてください」とメモ書きし、今までの成績を書いたファイルを置いた。

頭がボーッとしている割には、テキパキと行動できた。危機感を感じている頭脳が、二日酔いと関係なく、身を守るために動いていたのかもしれない。空になり、きれいになった机を目にすると、私は、用意してきた退職届を、同じく代休で留守の校長の机の上に置いた。

「何があったんだよ」と再び教頭。私は「高木先生に聞いてください」とひと言言うと、学校を後にした。

行く先は決めてあった。もう退職してだいぶ経っているはずの群馬県に住む近藤先生に会いに行こうとしていた。そのためにとりあえず東京近郊の町に足を止めようと思っていた。

近藤先生とは、全国生活指導研究協議会というサークルの研究会で何度も会っており、実践的にも学ぶことが多かったが、波乱万丈の人生を歩んでこられた方で、その大きな人柄に私は傾倒していた。この先生にならら受け止めてもらえる、そう思ったのだ。

ところで、私はなぜ、三〇年近くも勤めてきた教師を辞めると決意したのか。それを語るには、その年の三月に戻る必要がある。

もめた校内人事

私が勤務する新田《しんでん》中学校は、都市の郊外にある全校一八クラスの比較的大規模な学校である。田んぼなどもまだ残っており、田舎の風景と町の風景が混在している地域にある。地付きの人は一戸建ての家がほとんどで、裕福でないにしても生活に困っている家はあまりなかった。そんな状況なので、もともと学校は落ち着いていたのだが、ここ数年、マンションや市営住宅の増加により規模が大きくなり、それとともにさまざまな問題が起きていた。

そして、この年の三月、近年に例がないほどの荒れが予想される新三年生の人事をめぐって、職場はもめていた。

新三年生は、小学校時代から、目立つ生徒が集団化していて、一年生のときに、生徒同士の喧嘩・トラブルが噴出していた。そうしたことを起こす中心的なメンバーは学習を放棄し始めており、教師集団は残念ながら有効な対策を講ずることができなかった。事件の後追い、しかも担任任せという部分があり、学年団としての対応ができていなかった。

さらに二年生のときには、対教師暴力がひんぱんに起こっていた。生徒がライターを出しているので取り上げようとしていさかいが起こり、指を火であぶられたとか、授業中の態度を注意した教員に物を投げつけたとかいうレベルではあったが、いわゆる「弱い」と生徒から見られる教員にターゲットが絞られていた。

生徒間暴力も一年時より多発していた。これもどちらかというと、「弱い」生徒がターゲットにされている暴力事件が多かった。主任は優しい先生で、いい人なのだが、方針が出せないため、何かあっても対応策がすぐに出ず、右往左往しているような感じだった。学年の先生たちの雰囲気は暗くなり、対教師暴力事件が起きても、教室から帰って、ただ愚痴っているだけということもしばしばだった。見かねて、他学年所属の私が、「対教師暴力事件なのだから、すぐに学年職員を集めなければ」と促し、放送するように言って動かすという状況にまで追い込まれていた。

その中で唯一、高木先生の言うことはだいたいの生徒が聞いた。高木先生は四〇代になったばかりのバリバリの体育教師だ。背は高くはないが、体格もよく、強い口調でいつも生徒とは話す。強い先生だから、生徒は逆らうことはできなかった。高木先生がいるといないとでは、生徒の前での先生たちの態度が変わるとも、生徒たちは言っていた。その高木先生を主任にすることを、校長は考えていた。現主任が転勤を希望し、それが通っていたからでもある。

しかし一方、高木先生は県の中体連の役員になることが決まっていた。校長は、何とか役員になることを回避しようとして、中体連担当校長に話し、その人も了解してしまった。しかし、すべての校長にそのことの確認ができていなかった。

それでも、ここで退職する頑固な校長は、高木先生学年主任案を発表した。しかし、教頭はそれでは無理だと思っていた。校長会全員が高木先生の役員はずしを認めていないのだから、最終的に高木先生は役員にならざるをえないと判断していた。しかし、教頭がいくら話しても校長は聞き入れなかった。

そこでB案という言葉が職場でささやかれるようになった。B案とは教頭の人事案である。

B案では、私が学年主任になることになっていた。私は五〇代になったばかりの身長一六五センチ、体重五一キロのとても力強いとは見えない男である。しかも、幸運なことに今まで自分の学年に年配の方がいて、いつも担任をすることができていた。逆に言えば、主任などは初体験である。にもかかわらず、教頭が私を抜擢したのは、年齢的なものと、これまでの一年生への指導を見てのことだと思う。

荒れた中一生徒らとの一年

その年、結構大変な一年生と、私たちは苦闘していた。特に二つのクラスが大変で、そのうちの一クラスが私のクラスだった。大変なクラスだった。男女ともに問題を抱えた生徒が多く、その生徒たちが学習を放棄し、大声で勝手な私語をして授業が成立しないことがしばしばあった。そして「死ね」「ぶっ殺す」などの攻撃的な言葉が教室の中にあふれていた。

私は彼らとぶつかりながらも、学習を放棄することが、自分を捨てることにつながってしまうのだということを何度も訴えた。もちろん、分かりやすいように過去の教え子の例を私が話すとか、「夜回り先生」のビデオを見せるなどしながら。

とにかく気をつけたのは、彼ら自身が変わろうという意欲を引き出すまで待つようにしたことだった。たとえば班編成や座席をくじ引きにするなどと教師が決めたりすれば、一定の授業規律はつくり出せる。しかし、それでは問題を抱えた生徒たちはバラバラにさせられたとか、「先生に勝手に決められた」という反発を抱くことになり、自分たちの意欲を引き出すことができない。

そこで、私は、班編成をクラス集団に任せた。すると当然、「好きなもの同士」になり、問題を抱える生徒が同じ班に集まることになる。授業はそのため、落ち着きがなくなる。私はそこに揺さぶりをかけていくようにした。

初めはおもしろいからと、その班に所属しても、だんだん勉強が気になり始める生徒も出てくる。そうした生徒と対話することで、班を変えてほしいという要求を出させる。やがてその班は空中分解を始める。そして授業に集中しない生徒は次第に確信犯的なものだけに絞られていく。

そんなタイミングをとらえて、クラス全体がどれだけ成績面で損をしているかを、他クラスとの定期テストの成績比較で分析して明らかにしていく。すかさず、班替えアンケートをとり、自由記述欄にそれぞれの思いを書いてもらうと、私語をする生徒たちへの名指しでの怒りの声で満たされる。私はそれをすべて、みんなの前で読む。その結果、確信犯的な生徒たち（女子二人、男子三人）と一緒に班になる生徒がいなくなっていく。「うちら、拒否《きょひ》られた！」とは女子二人の言葉だ。それでもめげずに組んでくれる相手を探す彼らに、リーダーメンバーが応じる。ただし「授業で集中すること、掃除をきちんとすること」の二つの条件付きで。

私は一方で、確信犯的な生徒には個別に、極端に下がってしまった二学期の成績を突きつけ、進路の話をしていく。そして分からない教科については、私が援助していくことを約束する。彼らは一様にショックを受け、「全教科、ノートを取ったからね」と私に報告しつつ、意欲的に授業に取り組み始める。

こうして、二学期の終わり頃には、みんなの力で授業に集中できるクラスにすることができていった。問題を抱えたメンバーは、私をだんだん「スギタ！」と呼び捨てするようになった。それは彼らの私への信頼を表現する呼び方だった。

私のクラスだけでなく、学年としても大変な問題を抱えていた。靴に画鋲を入れておく事件（犯人が分からない）や飲食物の持ち込み、喫煙事件などはもちろん、掃除が成立しないクラスがあること、私のクラスも含め、授業が落ち着いてできないことなどである。それに対して学年委員会（各クラスの学級委員で構成する）を担当していた私は、そのメンバーを動かしながら、クラスの指導と同様に、生徒たち自身の手で解決に持っていくようにしていた。

赴任したばかりの教頭は、そんなところをよく見てくれていた。そして「自治が大事だよな」と、常に評価してくれた。

それゆえの教頭案だったのだろうが、私にとっては簡単には受けられないポストだった。しかし、職場全体を見回すとやむをえないのかなとも思った。結局、その次の年度にもう一度、三年生を持たせてもらうという条件――つまり元の学年に戻るという条件で、引き受けざるを得なかった。

教頭は、校長よりも教頭への信頼が強かったので、職場のおおかたのメンバーはB案を支持していた。教頭は、新校長に話す中で、何とか三月中にB案を了解してもらおうとしたが、残念ながら、新校長も決断ができなかった。それでも四月一日にはさすがに教頭の時間をかけた説得で〈その間、みんなは待っていた〉、ほぼB案にすることができた。教頭は三月中、その調整で夜も毎日大変だったという。

そのB案の結果、私が三年の学年主任に任じられた。もっとも正確には、高木先生の役員が確定する午後五時までは、私は三年副主任で担任であったが。

こうして私は三年の主任になった。しかし、その下の学年に所属していたので、六クラスの生徒二一五名の名前も顔もほとんど知らない状況でのスタートであった。

この学年に一年から持ち上がった担任はたった二人。高木先生と、女性の本多先生だけだった。本多先生は教員四年目、勝気な先生だった。二年からの持ち上がりは三人。あとの五人が新人という編成である（注・担任は六人だが、学年所属職員は副担任四人を入れて一〇人という構成）。

「大物」転入生

始まってしまえば、大変な事態になることはわかっていた。それは、前記の状況に加えて、電車で二〇分ほど離れた町の学校から大物が転入することになったからだ。

「大物」というのは、その同じ町に住む本校の教員からの話だった。荒れている学校の二番手か三番手と言われていて、授業にはほとんど出ていないとのこと。残念ながら、当該学校からはきちんとした情報はいただけなかった。

私は土・日の四月二日、三日も一人で一日中がんばり、生徒手帳に学年、クラス、氏名を記入し、職印を押すなどの実務や書類の新クラスへの差し替えなどをすべて行って、その日を迎えた。

それにしても、この書類の差し替えが大変だった。職員のバラバラな状況を反映して、要録の穴の位置もクラスによってバラバラで全然合わなかったのだ。作業も一緒にせず、担任ごとに勝手にやっていたようだ。これでは荒れるのも無理はない。

さて、転入生とも会っておかねばならなかった。父親が来ただけということだったので、新担任と相談して四日に会うことにした。ところが前の学校の生徒とのお別れ会ということで、ディズニーランドに行ってしまっているという。やむなく夜帰ってから会うことにした。しかし、本人たちが電車を間違えてとんでもない所に行ってしまい、その夜は会えないことになってしまった。そこで五日の早朝に約束した。

五日朝、少し時間に遅れてやってきた敦《あつし》は一人で校長室に入った。本当は父親の前で確認したいこともあったのだが、父親は仕事があると言って帰ってしまった。取り付く島もないという印象だった。

敦は、八〇キロは優に超えているであろう、がっしりとした体つきをしている。ケンカは強そうだ。新田中の生徒は誰もかないそうにない。目は暗い。ピアスを耳につけている。こちらに来ることになったいきさつを聞くが、どうやら親が前の学校のメンバーと離したかったということのようだ。

「こちらの学校に来て、ちゃんとやろうという気持ちなのかな」

と聞くと、

「親が実家に引っ越すから転校だと言われた」

とぶっきらぼうに答える。本人はきちんとやろうなどという気持ちは全然ないようだった。

「進路はどうするつもりかな」

「どうせ高校には入れないから、土方でもやる」

「ここの生徒で知っている人はいる?」

「翔《しょう》とか達也、祐一、健人《けんと》なんんか」

「どこで知り合ったの」

「実家に夏休みとか泊まることが多かったから一緒に遊んだ」

どうやら、親の計画は失敗しそうだ。〝転地療養〟のつもりだろうが、本校のいわゆるツッパリ軍団を皆知っているようだ。彼ならボスの座におさまるのもわけはない。やれやれと思いながら、ピアスはとらせた。私たちの熱意は伝えたつもりだが、彼の心に入ったとは言えそうもなかった。

始業式からエスケープ

着任式・始業式が迫っていた。今までこの学年では髪の毛がだめとか、服装がだめな場合は、別室指導というのがあったとのこと。ただし、いつもは予告しているが、今回は予告していないと言う。私は、「全員入れるしかない。そして最後におかしいと思う者は残ってほしいと訴えよう」と話した。

しかし、様子を見に行くと、もう敦が六〇センチのボンタンをはいている。これでは出せないということで急遽、「はきかえて出るか、別室かを選択し、別室だとすれば仲間を見て誰までが別室になるべきか判断しなさい」と迫った。

一緒に仲良く話しているツッパリ連中で相談しなさいという意味を込めてそのように言った。敦は祐一と翔の二人を指名し、二人も了解した。渡りにたまっているそのメンバーたちに、相談室に行こうと言うと、「行くから待っていてくれ、信じてくれ」と言うので、「信じて待つ」と言った。たぶん来ないだろうとは思ったが、信じないと言うわけにはいかなかった。

やはり来なかった。達也と勇樹も消えてしまった。後で聞くと、大便をしたかったのでみんなでコンビニに行っていたという。

私は始業式は他の職員に任せ、コンビニから帰った敦たち五人のメンバーと相談室で話した。はじめはもちろん雑談である。携帯を出して、写真を見せてもらったり音楽を聴かせてもらったりした。私が、「みんな、好きな人はいるのか」とふると、ニヤニヤしながら、お互いに暴露し合う。そして、やがて関心のある性の話になる。ただの卑猥な話にしてはいけないと思った私は、真剣な顔をして、コンドームに関するクイズを出した。

「あけ方を知っているか」

と問うと、敦はよく知っていた。袋を切っていくが、完全に切り離さないといけないということを。

「だって途中までだとゴムを出すときに、その袋の切れ端に当たって穴があいちゃうといけないから」

他のメンバーが感心して聞いていた。持ち歩きはハードケースに入れていなくてはならないことを教えると、「劣化しちゃうから?」と質問した。「劣化」などという言葉を知っていることにもびっくりした。そんな雑談の後、

「今日からみんなは三年生なのだから、今までのことはともかくとして、どうするのか考えなければ」

と言うと、翔が、

「オレはちゃんと授業に出る。時どきバックレるかもしれないけど。親と約束したから」

とひと言。敦は、

「オレが来たからには皆を授業に出させる」

とえらそうに言う。

「ちゃんと考えているんだ。偉いじゃないか。俺たちも支えるから頑張ってみようよ」

と私は言って、別室指導を終えた。

帰りの会が終わった後、なぜか敦が職員室にいる私を呼んだ。新田中は、職員室から外に出るドアの正面に三年生の昇降口があり、職員室の教員と三年生は対話しやすい構造になっていた。

敦は、まだ実家に引っ越していないこと、家に帰るのには電車に乗って時間がかかること、父の職場はこの町にあるけれど、歩いて行くのには遠いことを一生懸命説明しながら、要するに昼食代がほしいと言っていることが分かった。私は「おにぎりでも買いな」と言って、五百円渡した。

問題生徒たちが抱えている不満

午後、入学式が終わると、学年職員で打ち合わせをした。最初のエスケープということで、できればほめることを探して、あいさつ回りがてら家庭訪問をしようということにした。これからもエスケープするだろうから、そのとき、どのようにすればよいか〈すぐに連絡したいがそれでいいか、夕刻にした方がいいか〉の相談もすることにした。私も三軒つき合った。そのほかにもクラス編成がひどいという親からの抗議で謝罪に行った。一年のとき、トラブルがあった二人が一緒になっているというのだ。

敦についてては、母親と連絡が取れ、会うことができた。母親は、前の学校でいろいろあったこと、この学校で何とか立ち直ってほしいこと、せめて自分の名前が漢字で書けるようになってほしいことなどを語った。

私は、会話の中で「劣化」などという言葉を知っていること、その他、「みんなを授業に出させる」と言ったこと、私の質問に正しく答えられたことをほめた（コンドームの袋のあけ方のことは、具体的に言わなかった）。そして親の希望に応えられるように全力で頑張るという気持ちを伝えた。

残念ながら初日であるにもかかわらず、違反ズボンをはいてしまったことと、エスケープしてしまったことを伝えると、エスケープはすぐに連絡していいとのこと、母親としても探すことを約束してくれた。そして、おにぎり代のお礼の言葉があった。本人が「先生が僕の言うことを聞いてくれた」と喜んでいたとのこと。

最後に母親に依頼した。本人には、今日のズボンやエスケープのことは触れないで、ほめたことだけ言ってほしいと。

七時頃、職員室に敦から電話が入った。抗議である。母親がズボンのことを言ってしまったようだ。「女子には細かいことを言わないのにどうして俺たちだけに言うのか」という抗議だった。男子にすれば、女子のスカートが短いのを認めておいて、自分たちのズボンに対してはうるさいということを言いたいようだった。職員にすると、女子のスカート丈はどのあたりまでいけないとするか非常に難しく、言えないという問題があった。

彼らは、デパートのたまり場にいるようなので、私と担任の松山先生とですぐに出かけた。松山先生が敦を車の中に入れて四〇分くらい話をしている間、私はたまっている生徒たちといろいろな話をした。服装や頭髪指導について、不満がたくさんあるようだった。髪の毛を染めている生徒はほかにもいるのに、少しだけだからと問題にしないのは不公平だ、服装も同じだ、というのがその主張だった。

そこで、公平に扱うこと、服装・頭髪については強制的な指導は予告しない限りしないことを職員にはかると約束した。

「話、分かるじゃん」と達也。達也は背が高く、大きな目をした格好のいい生徒だ。バスケットボール部に属していたが、生活の乱れとともに、今は事実上退部状況だった。後で分かるのだが、漢字が得意で、私の教科である国語にはこだわっていた。

もう一人、私に声をかけた生徒がいた。翔である。彼は「信じているからな」とひと言。翔はその時点で、ツッパリの代表、つまり番長だった。体はやせており、頭の毛はほうきのように立てている。勉強は本当はできるらしいが、授業にまともに出ていないので、成績は全然よくない。だが、人の話をよく聞いて調整することもでき、そこらへんからみんなの信頼があるようだった。信頼にこたえねばならなかった。

一日目からこんなでは先が思いやられた。ただ、デパートのところでおもしろい出来事に出会った。それはもうすぐ二〇歳になる私の教え子がその場を通りかかったとき、翔をはじめとして、彼らがいっせいにおびえた表情を見せたことだった。私がその教え子、飯田となつかしそうに話しているのを見て、飯田が去った後、翔が聞いた。

「先生、飯田先輩を知っているの」

「二年間、担任したからね。いろいろあったけどいいやつだよ」

「先輩は、ここらじゃ、ちょっと怖がられてるんだ」

そういう力を使ってもいいものかどうかとは思うが、何かあったときには、飯田にも力を借りるときが来るかもしれないと思った。

学年集会のイメージを変えよう

八日に学年集会をやることにした。今までの学年集会は学年委員と教員によるお説教が中心だったらしい〈こんな状況でも言える生徒が数人いたのだ〉。しかし、こんな状況だからこそ、楽しいイメージの学年集会にしたかった。職員の紹介なので、芸をやらないかと呼びかけた。せめて新たに入った人だけでもやってほしかった。高木先生をはじめ、昨年度から所属していた先生たちは勘弁してほしいという様子だった。

「じゃ、紹介ということで新たに入った人は全員やって」

とお願いした。雑談的に話していると高木先生が、

「そうだ、本多先生はピアノが弾けるんだ！　本多先生、弾きなよ」

と言った。数学の先生なのにピアノが弾けること、生徒は誰も知らないことなど、しばらく会話がもり上がった。本多先生は生徒と最も近い年齢にあり、頼りないと見られつつも、彼らには

話しやすい存在だった。その本多先生の意外な面を見せるというのはいいアイデアだった。学年集会は「本多ピアノ」でスタートしようということになった。それも、隠れて弾いてもらい当てさせるのだ。あとは、私も含めて新しい先生たちの芸である。

職員はみんな困っていたが、何とかやってほしいと無理強いした。数学のお母さん先生である高橋先生は、「私、芸なんかないんだけど……」と言いながら、前日九時ころまで残って準備してくれたという。

八日当日。高木先生の司会で学年集会は始まった。

生徒はピアノを誰が弾いているかわからなかった。高木先生が何人か指名するが、皆はずれる。緞帳が上がり、本多先生だとわかると、生徒たちはびっくり。続いて私の手品（?）とファイブミニの着色料の話〈コチニール色素というもので着色しているのだが、実はこれはエンジ虫という虫を粉末にしたものなのだ。知らなかった生徒は「虫を飲んでいたの!」とショックを受けていた〉。それを受けて、でも飲んでくれたのが翔さん。続いて杉崎先生のバク転。その他クイズやミニ劇場など。「こんな楽しい集会ははじめて」と生徒は喜んでいた。とは言っても、列の後ろにいる男子たちをその場に居させるのは大変だったが。

学年集会の感想を国語の時間、二クラスに書いてもらい、学年だよりに掲載した。

《このあいだの学年集会では本多先生がピアノ弾けて、マジでビックリしました。みんな先生た

ち、頑張ったなあと思いました。》

《いつもと違う学年集会でおもしろかった！　今までは列とかピッとそろえなきゃいけないし、学年委員も文句っぽいコト言ってきたけど、今年は楽しくなりそお。楽しみです。》

このような感想であふれていた。

なお、この学年集会では、職員として、「すべての暴力を許さない」という宣言をした。事前に校長にも了解をとり、全職員で確認してあった。私は職員を代表して次のように話した。

「暴力で物事は解決しません。暴力は憎しみを生み、憎しみは次の暴力を生みます。暴力の連鎖といいます。暴力が支配した集団の中では、みんなはのびのびと生きられません。一人ひとりが自己主張をできなくなります。私たちは、みんなにそんな中で生活してほしくないのです。みんなが自分を生き生きと出せる集団にしたいのです。ですから、すべての暴力を追放しましょう。そのために、もし先生方が暴力をしたら、ぜひ生徒の皆さんは警察に被害届を出してください。生徒同士の場合も被害届を出すよう説得します。生徒の皆さんが先生に対して暴力をふるった場合も同様とします」

敦を含めた中心的な生徒たちには事前に話してあった。敦は個人的にも、「先生の暴力でも出していいんだよね」と私に確認していたので、その言葉は入っているはずだった。

ところが集会後、二年生の女子が三階から下にいる敦に向かって「転校してきた人でしょう」

と声をかけた。しかし、敦が無視したため、その女子は頭にきて「ウザイ！」と大声で叫んだ。それを聞くと、すぐに敦を含めた一〇人くらいの軍団が二年生のところに行ってしまった。敦は暴力をふるうつもりはなかったようだが、襟首をつかむところまで行ってしまい、学校は騒然としてしまった。

弱い教員でもできる指導をめざす

二回目の学年集会は五月に行った。状況が状況なので、とにかく楽しくしなければならない。このときはクラス紹介ということで、生徒自身に楽しさを作り出してもらうようにした。クラスの中の芸ができる人を発掘してもらったのだ。一番受けたのは、漫才コンビであった。漫才の全国大会にもやがて出場する生徒たちであったので、学年全体を沸かせてくれた。

実は、松山先生率いる六組は、このとき、敦に出し物をやらせようとしていた。敦は、紙ヒコーキづくりがうまく、パチンコを使って数十メートルは軽く飛ばすことができた。もちろん毎日のようにやっていて、授業妨害になり、みんなは大迷惑していた。だからこそ、公的な場でやらせてあげたかったのだ。しかし、残念ながらその日、事件を起こし教員ともめて帰ってしまい、実現には至らなかったけれど。

いくつかの感想を紹介しよう。

《三年になってはじめての学年集会。去年とは一八〇度違う。笑いの要素を含んだ集会は、見ていて飽きることもなく、いつもの騒々しさとは全く別物に感じました。こういう集会も悪くないかなと思えました。今回のような楽しい集会。ネタを編み出すのが大変だろうけれど、ぜひ今回の雰囲気を今後も作ってほしいです。》

《変わった学年集会だった。先生と学年委員さんの頑張りがしみじみ伝わってきた。これからも頑張れ！　やるつもりでできなかった六組の敦さんの紙飛行機も見てみたかった。》

《全てのクラスが準備できていたわけではないが、各クラスとも楽しい出し物をしてくれて、とても楽しくもり上がっておもしろい集会でした。これからも先生にいろいろ言われる集会ではなく、楽しい集会にしてほしい。》

学年の職員は、こんなことをしながらも少しずつまとまりをつくり出していった。しかし、指導という点では当然、食い違いを見せた。たとえば、高木先生は、いけないことがあるときちんと注意してその注意を通した。しかし、そこまでできない先生もいる。すると高木先生は言う。

「高木の名前を出してください。自分の名前を使ってもらえれば通ると思いますから」

私はそれに対して静かに言い返す。

「高木先生は善意で言われているんだけれど、それが今の学年の状況、つまり強い先生の言うことは聞くという状況をつくってしまったんですよ。だから、みんなは高木先生の名前を使わずに注意してください。注意が通らなくても、口で言うだけでもいいですから」

また高木先生は、携帯を見つけると取り上げる。

「ダメなものはダメ。取り上げなければ」

正論である。しかし、これを通すと、取り上げられない教員は「ダメな教員」ということになってしまう。もちろん、生徒もそう判断していくに違いない。これでは私のような「強くない」教員はやっていけない。私は言い返す。

「みんなができるやり方にしようよ。私は、『携帯をすぐにしまいなさい。十数える間にしまわないと預からせてもらうよ』と言ってカウントダウンするようにしている。そうすると、何とかしまうよ。これなら誰でもできるでしょう。もしそれでしまわず、預かることにも応じなかったら、その日、家庭訪問すると言えばいい。親にいちいち言われるのは彼ら、嫌いだからね」

敦から取り上げるのは実際に高木先生でもキツイ部分があるから、これで高木先生も引いてくれる。この学年は大変だから、何とかしなければという責任感を高木先生は人一倍強く持っているから、学年でこうした発言をするのだ。そういうことを学年の職員にも折に触れて理解してもらった。

毎日、毎時間が事件、事件

授業が始まると、エスケープ、タバコ、器物の破壊等など、次々に起こっていく。三年生になっての翔の決意も、転校した日の敦の言葉も、そのときだけのむなしい言葉として終わってしまった。ある日の様子を見てみよう。

朝、誰かが駅弁を食べたらしく、校舎の南側に食べかけの弁当が投げ捨てられている。トイレのサンダルが上から、あちこちに落とされる。授業中も休み時間もトイレットペーパーで遊ぶ。エスケープしたと思ったら、コンビニでタバコとおにぎりを買った模様。教室におにぎりの袋が落ちている。近所から自転車を置かれて困るとの苦情で三台の自転車を取りに行く。

二人がタバコをトイレで吸ったようだ。これらは多分、いつものメンバーだが、普通っぽい格好をした男子四人がベランダで喫煙。校舎と校舎の間は本来なら渡りを歩いて行かねばならないのだが、上履きのまま近道をしてしまう（これは非常に多くの生徒たち）。カーディガンのまま堂々と歩いている女子たち。Tシャツで堂々と歩いている男子たち。学習室の椅子が破壊される。消火栓の赤ランプの電球が取られ、割られてトイレに落ちている。人の傘を勝手に持って行ってしまう。掃除中は掃除場所に行かず、着替えることもせず、遊び回っている。他クラスに入り込み、邪魔をし、牛乳ビンをベランダにたたきつけて割る。

敦の尻馬に乗って授業妨害や破壊行為をしている、敦と同じクラスの一輝をつかまえて話をした。一輝は、小柄でやせていてチョロチョロしている生徒だ。やれば勉強だってオール3くらいは取れる。気のいい生徒なのだが、敦のやることがとにかくおもしろくて仕方がないのだ。

「高校に行くとか考えないの?」

「別に」

「行かないで、どうするの」

「フリーターかホームレスになるからいい」

「じゃ、学校へ何しに来ているの」

「遊びに」

こちらは真剣に話そうとするのだが、すり抜けるように逃げていってしまい、対話にならない。

彼らは、授業中は、勝手なおしゃべりで妨害。あきれば「トイレ」と言って脱走してしまう。常時エスケープする生徒が男子九人、女子四人の一三名。その周辺にエスケープしたり、暴れたりする生徒が各クラス複数いるという状況だった。あき時間より授業をしているほうが楽だというのが、職員の実感だった。

授業は、そんな状態でも、彼らとの雑談もしながら、全体を率いていけば何とかなった。いなくなったら、大きな声で職員室の棟に向かって叫べば、あいている教員が対応してくれるからそれでよかった。あき時間は、そうしたメンバーを追いかけたり、やってはいけないことを止めたりしなければならないからとにかく大変なのだ。

そんな彼らとも、たまに真剣な話ができるときもあった。それは事件を起こしたときだ。

ある日、デパートから、万引きをした生徒をつかまえたので引き取りに来てほしいという連絡が入った。親に連絡がつかないという。担任の高木先生が出張中だったので、私と磯崎先生という技術科の新任の先生で引き取りに行った。生徒は健人だった。中肉中背でギロッとした目をしている生徒だ。教師に対してもふだんは攻撃的なのだが、その日は違った。

「父さんはアル中で、母さんとは喧嘩ばかりで、今は別居している。家はメチャクチャだけど、でも自分は家が悪いから自分が荒れるんだとか、家を理由にしたくはない。またこんな悪さをしてしまったけど、何とかちゃんと生きていきたいと思っているんだ」

「結構考えているんだ！　えらいじゃないか」

「勉強はもうやる気になれないけど、卒業したら仕事をして、自分でかせいでいきたいんだ」

「そうか。進路ってな、自分で決めた生徒が優等生なんだよ。高校に行くのがえらいということじゃないから。そうやって自分のことを考えられるってえらいんだよ。自信を持っていいよ」

こんな対話ができたときは本当に嬉しかった。

「教室に入らないで！」の訴えで学年投票

学年教師集団はまず、掃除と授業を何とかしようと取り組み始めた。掃除は「着替えができない」「掃除場所に行けない」「掃除ができない」のいずれかに当てはまる人は、別室で自分の進路を切り開くためのことをやることにした。そんな生徒はおそらく高校には入れないだろうし、入ったところでもたない生徒だからだ。だからこそどんな進路を目指すかを早く考え、そのためにどんな力をつけるかを考えさせたかった。

しかし本人にいくら言っても、別室はいやらしく、従わない。そこで、親の了解を得てそうすることにした。それでも別室に来なければ、親にすぐに来てもらうという条件を考えた。

授業についても同じように取り組むことにした。しかし、いずれも親の教育力がないので、どうにもならなかった。

ただ、とりあえずそうすることで、とんでもない生徒以外に多少の影響を及ぼすことができた。右のようなことを書いた親向けの通知を出すことで、周辺にいる生徒は着替え始め、掃除場所に行くようになってきたのだ。

一方、休み時間にも問題が起きていた。五組と三組がたまり場になりつつあったのだ。いずれも女の先生のクラスで、昨年度と同じ行動だった。しかし、我々の力だけではどかすことができなかった。そこで学年委員会で、二クラスの学級委員に訴えてもらった。

「いろいろなクラスの男子が教室に入ってしまっていて、特に女子は怖くて廊下で休み時間を過ごすしかないんです」

その真剣な訴えを受け、方針を立てた。当該クラスの生徒に作文を書いてもらい、学年全員で「他クラスに入らないで欲しい」という訴えに賛成・反対の投票（無記名秘密投票）をしてもらうという方針だ。

学年委員は過半数とれるだろうかと不安げだった。私は、「投票は朝やろう」と言った。朝なら、一番あぶない面々はまだ登校していないからだ。

投票総数一九九名のうち、無効・白票の四票を除き、賛成が一五五、反対が四〇という結果であった。

掲示活動などは、本来なら放課後、学年委員とともにすべきだが、平日は何が起こるか分からず、とてもできなかった。そこで、日曜日に出勤し、すぐに学年だよりをつくるとともに、全クラスの教室前後のドアに、「一五五人の思い――他クラスに入らないで」という掲示をした。すると、部活で登校していた三年生が、「先生、すぐに破っちゃうよ」と言った。

その生徒の予想通り、一二枚の紙は翌日、すぐにすべて破られてしまった。学年委員が言いに来た。

「先生、破られちゃったよ」

私は言った。

「紙は次々破られても、みんなの思いは破れない」と。

生徒はニコッとしていた。さっそく、学年だよりにもこの言葉を書いた。連中はどうせ読まない。でも、連中に教室を占拠されて、怖くて教室に居られない生徒たちは読んでくれただろう。

他クラスへの侵入は少しは目立たなくなった。

「大人は敵だった」と言う敦の生いたち

さまざまな事件が起こっていたが、校舎破壊や物落としは昨年度はなかったという。どうやら敦が前の学校でやったことを教えて広がっているようだった。

天井に穴をあけるなどということは日常茶飯事。水飲み場の石鹸液を入れてある容器ばかりか、その柄までもがすべて影形もなくなっていた。敦一人が加わったことでみんなが舞い上がっていた。その敦を何とかしなければならなかった。敦は、かけ算九九もできないし、自分の名前も正確には漢字で書けない。だから、授業も分からない。別室を選択しても、何かに取り組もうという気はなく、結局、遊び場にしてしまうだけ。なかなか展望が開けなかった。

「いつからこの状態?」

「保育園からかな」

「じゃあ、ずっと授業とか、入っていなかったってこと」

「うん」

「大人はずっと敵だったんだろ」

「うん」

敦の家は、夫婦で品物を小売店におろす仕事をしていた。敦が生まれた頃はバブルの時期で、ものすごく仕事が忙しかったそうだ。そのため、敦は放置されていたようだ。そして何か問題を起こすと、父親が暴力で対応する。だから、敦は、自分がやったことを一切認めなかった。もう暴力は使っていないと父親は言っていたが、認めれば、父親から暴力をふるわれる、という過去の経験から、そしてしらばくれれば分からないという経験から、絶対に認めようとしなかった。状況証拠があっただけではダメである。またゴミを散らかすなど、実際に自分がやったのを見られていても、片付けるということをしなかった。

ある日、グラウンドで、カラーコーンを投げて、プールのトイレの屋根に乗せてしまった。目撃した先生がいて、こっそり教えてくれた。ただし、自分が見たことは言わないでほしいと前置きしてだが。私はグラウンドに行き、「カラーコーンを戻すぞ」と彼に言って、屋根に上がった。彼も、取り巻き連中も、屋根に上がってきた。そしてカラーコーンを戻した。

屋根から見る世界はいいものだった。しばらく彼らと会話しながら屋根からの世界を楽しんだ。見回りに来てくれていた保護者や同僚から、「あれが指導なのか」という声もあったそうだが、彼がはじめて自分のやった後始末をしたのだから、私はよいと思った。

敦はよく先生たちとトラブルを起こした。仲間が注意されたときなど特に多かった。仲間を守ろうとして、先生に向かっていくのだ。そういうとき、私はまず彼を落ち着かせ、彼の言い分を聞き、私に預けてくれと言った。彼の言っていることの中にも正しいことがある。そこを評価したうえで、「でもこんな形で先生につかみかかろうとすれば、君がすべて悪いということになってしまうんだ」と説得した。彼は「分かった」と言って、彼の仲間と先生とのトラブルの処理を私にまかせてくれるようにはなったが。

強い味方、池田さんの登場

学校があまりにも大変なのを見て、池田さんという、昨年度私が受け持った生徒の父親が毎日のように学校に来てくれていた。

池田さんは、昨年度、私のクラスで一番大変な男の子の父親だった。人はいいが、親分肌で、間違っていると思うと、誰にでもぶつかっていく人だ。はじめは私とも激しくぶつかったが、お付き合いを重ねていくうちに信頼を寄せてくれるようになり、しょっちゅう飲んで話すという関係になっていた。池田さんは建築関係の仕事をしているが、社長という地位にあり、時間の都合はけっこうつけられた。そして私が大変なのを知って、

「杉田を守る。そして来年もう一度、自分の息子の学年を受け持ってもらう」

と宣言していた。もともと仕事の関係でツッパリ生徒と付き合うのがうまく、また息子がふざけて「ゴリラ」と呼ぶように、体型もガッチリしていて、腕っ節も強かった。だから、いてくれると真っ先にトラブルの現場に駆けつけ、対処してくれた。もちろん仕事もしながらだから、いつもいつもいてくれるわけではなく、一日に一度くらい、また大変だと察すると、半日くらいは張り付いてくれていた。そして特に一番大変な敦によくついていてくれていた。

一方、教頭は、この事態に直面して、全校の親の見まわりを導入した。しかし、親が見ているからといって子どもたちが変化することはなかった。もちろん私たちの指導がすべて公開されているわけだから、その指導のありようを自分たちで問うという点ではよかったが。

つらい日々だった。学校というのは不思議なもので、三年生が何かをすると、職員はすぐに、「三年の先生、来てください」と対処を要請する。しかし、特に五人の三年職員は、まだ生徒のこ

とをほとんど知らないし、関係もできていない。要請している人が、全学年の授業をしていた人だということもある。そんなときは思うのだ。

「先生のほうが昨年度授業で教えているのだから関係ができているでしょう。対処してくださいよ」と。もちろん、口にはしなかったけれど。

こんなだから、学校に生徒がいる時間帯は仕事ができない。かといって、放課後や夕方は何らかの事件処理に追われてしまう。仕事ができるのは早朝ということになる。私は毎日七時前、早ければ六時半ころには学校に行って仕事をする、そんな毎日だった。

事件の連続で大変そうな私を見つけると、前年度に受け持った生徒たちが、毎日毎日手を振って励ましてくれる。

「スギタ、がんばれ！」

「スギタ、三年生になんか負けるな！」

私は、一年間がんばれば、またあの生徒たちとともに過ごせるのだと、自分に言い聞かせながらがんばった。生徒たちの励ましが何よりも嬉しかった。

パトカーに連れて行かれた三人

敦を受け持ってくれた松山先生は、二年生からこの学年に入っており、二年では翔を担任していた。しかし、翔とは合わなかったらしく、時どきトラブルがあったらしい。リーダーに従わない翔に、リーダーの大変さを松山先生は語っていたそうだ。そのとき、

「自分だって五〇〇人の組織のリーダーなのだ」

と言ったことが誤解につながった。教職員の組合のリーダーをしていたので、そのことを言いながら大変さを伝えたのだが、翔はこの言葉を〝脅し〟ととってしまった。自分に従わないと、五〇〇人が黙っていないんだというように理解してしまったのだ。

翔や祐一は、松山先生の対応が納得できなかったときに、松山先生をターゲットにして攻撃し始めた。「リーダー松山！」と言いながら、黒板消しを投げたり、チョークを投げたりなどの嫌がらせを始めていた。こうした嫌がらせをすると、ときに松山先生がキレルことを知っていたからだ。

翔と祐一は、自転車で百キロくらいの遠方まで一緒に行くこともあり、仲が一番良いとも言えるが、同じ女子を好きになって取り合いをしたり、喧嘩をしたりすることもしばしばあった。二人とも中背でやせ型、同じような体格をしていた。祐一は社会のことに興味関心が高いという良さはあったが、興奮するとどうにもならないという生徒であった。そんな二人はよく組んで悪さをした。このときも同じだった。

彼らは、四月二六日から松山先生への嫌がらせを始めた。祐一は飲み終わった牛乳パックをまるめて投げつけ、先生が制止させようとすると、上履きを松山先生に向かって蹴飛ばす。

四月二七日はメンバーが登校してそろった三時間目終了頃からグループ全体で松山先生への嫌がらせを始めた。みんなで松山先生のクラス（三階）から掃除用具をはじめ、教室にあるものをどんどん落下させ始める。そして、「リーダー松山！」とはやしたてながら、黒板消しやチョークを投げつける。祐一は口に入っていた「ハイチュー」を吐きかける。松山先生を挑発しようとしていたのだ。しかも、歩きながら、「12・40に革命が起こる」と言っているメンバーがいたのを、ある職員が耳にし、教頭に伝えた。

後で知ったのだが、教頭は警察に連絡し、「いつでも駆けつけられるよう待機していてほしい」と要請したという。

私は松山先生への攻撃がひどいということを聞き、教室に行った。給食準備の教室で祐一や翔が黒板消しやチョークを執拗に投げつけていた。松山先生の服はチョークの粉で真っ白だった。松山先生はそれにひたすら耐えていた。しかし、このひどい挑発にいつまでも我慢していられるとは思えなかった。私は、給食指導をバトンタッチし、松山先生を職員室に避難させた。

下を見ると、何とパトカーが二台来ていた。教頭の要請を受けて、警察の判断で来てしまったとのことだった。給食を終えて、私は校長室に入った。警察は、来た以上メンツがあるから、二人引っ張って行きたいという。今まで何回か補導されていた敦と祐一を引っ張って行くという。「それは困る」と私。しかし、警察は引き下がらない。やむなく「逮捕でも補導でもないですよね」と確認した。「警察で話を聞きながら注意するだけだ」と警察官。

二人が連れて行かれそうになると、反発して翔がドアを破壊した模様。すごい音がして、そのそばに翔がいるのを、翔の担任の小室先生が確認した。警察はそれを聞くと、翔も引っ張って行くことにした。

生徒たち注目の中、パトカーに乗せられる三人。しかし、堂々としたものだ。祐一はパトカーの中からみんなに手を振っていた。

〝全面戦争〟の宣告

この日夕方七時ころ、帰ってきた彼らは「俺たちを警察に売ったな」と猛反発。「そうではない」といくら説明しようとしても聞く耳を持たない。杉崎先生だけしか信用できないと彼ら。杉崎先生は今年転任してきた体育科の先生で、とても優しい。強い言い方をすることも全くない。よく話を聞いてくれるので信頼があるのだ。

私は校長室にいた場面を見られているから〝売った〟側になってしまっているようだ。私が話そうとしても彼らは応じようとしない。杉崎先生も事情を説明してくれるが、彼らは私たちに対して、完全にキレてしまっている。警察ではお説教をされただけだったようだが、うんざりするほど言われ、しかも脅かされたようだ。「今後、物を壊したり暴力を振るったりしたら、自宅にはいられなくなるぞ」と。そこまで言われるようなことを、その日はしていないと思っているので、反発と不信感の塊になってしまっている。

警察に引き取りに行かされた親も猛反発していて、校長室に抗議に行っている。親の抗議は長い。特に翔と祐一の両母親は、子どものことを真剣に守ろうと頑張る。校長たちがいくら説明しても納得しないようで、八時になりそうだというのに、一向に去ろうとはしない。私は、待っている彼らも腹が減るだろうと、コンビニでおにぎりを買ってきてやるが、受け取ろうとしない。

「信用するしないという問題とこれは別だ。おにぎりを買ってやったから信用しろなどとケチなことは言わない。自分が腹が減ったから買ってきたんだ。自分だけ食べるのでは悪いから、君らの分も買っただけだ」

「せっかくだから、もらいなよ」

と車でみんなを送ってきてくれた勇樹の親が言うと、ようやく口にした。

翌日から「全面戦争だ」と彼らは宣言した。敦は革靴のまま教室に入る。そばに行ってようやく脱がせ、持っていこうとすると、「勝手に持っていくな」と私の胸ぐらをつかんだ。

緊急保護者集会

四月から、信頼関係をつくろうと努力してきたものがすべて壊れてしまった。私はどうにもならない無力感を感じていた。

もの落としは毎日つづく。丸められた金属製のちりとりが職員室の窓ガラスめがけて飛んでくる。水を入れたバケツを落とし、近所の人に水がかかってしまう。「何十年も住んでいますが、こんなひどいのははじめてです」とその方。

給食前や、掃除の時間、昼休みになると、グラウンドのプール前にたまり一応隠れて喫煙。これ以後、ここが彼らの喫煙場所となる。

困りきった私は禁じ手も使うことにした。卒業生がいろいろ心配してくれていた。ちょうど少年院を出てきたばかりの教え子で飯田と同級生の二宮という生徒と会う機会があった。三年間私のクラスだった生徒だ。学校の状況を話すと、「協力する」と言ってくれた。二宮は昼休みの学校にやって来て、軍団を集め、

「オレは少年院から出てきたばかりだ。自分としては少年院に入って自分と向き合うことができて本当によかったと思っている。でも、入らないで済んだほうが絶対にいい。学校で先生とトラ

ブルとどんどん悪くなってしまう。スギタは信用できる先生だ。オレがどんな悪さをしても見捨てなかった。だからスギタを信じろ！」

と言ってくれた。

飯田にも状況を話した。彼は地域の不良グループの若手のまとめ役でもあったが、きちんとした仕事もしている。仕事が終わると学校に来てくれた。ただ直接中学生とは関係がないので、何かあれば高校生に話して援助してくれるということになった。

騒動はなかなか収まらなかった。翔の親が中心になり、祐一の親も一緒に校長室に連日の抗議。翔は、自分はドアを破壊していないと主張。小室先生も破壊場面は目撃していないので、最終的に翔に謝罪した。私は教頭に、三年の職員が要請したのではないことを明確に言うように依頼した。三年の職員と彼らとの対立は避けねばならなかったからだ。教頭は了解した。

敦の親には、「私を信じてくれ」と電話した。親も、ようやく心を開くことができそうな教師に出会ったと言っていただけに、本人を説得してくれた。そして朝、私と本人が一対一で話をした。彼は私が警察官と話している場面を見ていて「売った」と判断したようだ。私は、正確に私がしたことを話した。「分かった。信用する」と彼は答えてくれた。同時に、私は翔とも対話した。翔も理解してくれた。

緊急保護者会を五月二日に開き、この動きに関する事実説明をした。

「こうした動きに関係する生徒は何人くらいいるのか」

との質問に、

「応援団を入れると四〇人くらいです」

と私が答えると、どよめきが起こった。翔の親は、みんなの前で子どもを守ろうと必死に抗議をしていた。

「私はリーダーの親の一人です。今回、学校がしたことは許せることではありません。何もしていないのに警察を呼び、連れて行かせたんですよ。どういうことか納得のいくように説明してください」

教頭が、「革命が起こる」という情報が入ったために対処したのだと説明した。しかし、その説明では納得がいかず、保護者会の終了後、翔や祐一の親は、校長室に残って、管理職が謝罪するまで粘り続けた。終わったのは夜中であった。管理職は大変だったが、子どもを守る親心を感じさせてくれた姿だった。

このころから車での通勤は自粛した。何をされるか分からないからである。

授業中は、毎時間エスケープをする者が続出。別室での勉強会も実施してみたが、四、五人いると遊び場になってしまい、だめ。空き時間は相変わらず追いかけっこで、授業をやっている方が楽であった。

修学旅行は「誓約書」を書かせて

こんな中ではあったが、関西方面への二泊三日の修学旅行が迫っており、その取り組みをしなければならなかった。

修学旅行では、服装をきちんとするよう要求すると、生徒には言っていた。しかし、修学旅行中の指導は、できるだけ命に関係することに絞り、細かいことは言わず成功を収めたかった。高木先生に電話で相談した。彼も同じようなことを考えていた。学年で一番意見を言ってくれるのは高木先生なので、私と一致していれば、学年として合意できると思われた。「服装は私服」「携帯も登録制で認める」という案を三年の学年会で出し、予想通り合意できた。

しかし、教師集団は、「例年どおり」と決定した。「指導できないから私服にする」というのはよくないというのだ。よく言われる論理だ。「決して三年生を責めるつもりはない」とは言ってくれたが。「一部の生徒たちはきちんとできなくても仕方がない」とも言われた。要求する以上はきちんと守らせるべきだろうという思いやら、さまざまな思いが交錯し、私は整理できなかった。「制服」と決めれば、当日、朝はきちんとしたものを着てくるだろう。しかし、彼らは必ず着替えてしまう。そのために他校生とトラブルになってしまったら大変である。

携帯も不許可だった。昨年も一昨年も持ってきた生徒の携帯を取り上げ、親に返したという。しかし、それは見つかってしまった生徒のだけである。実際にはたくさんの生徒が持っていったはずだ。そこらへんの実態をどう考えているのだろうか。たてまえの世界ということだろうか。

とにかく、職員会議の決定なので、これで進めるしかなかった。運動会の取り組みと並行してやらなければならず、しかも、毎日が事件の中での取り組みでうんざりする日々だった。

これでは旅行中も何が起こるか分からない。予想されることとして、「タバコによる火災」「宿の器物破損」「宿からの転落事故」「他校生とのトラブル・けんか」が考えられた。そこで、生徒全員と保護者に「誓約書」を書いてもらうことにした。内容は次のとおりである。

①ライターなど火の出るものを持っていかない、買わない、所持しない、使わない。

②タバコを持っていかない、買わない、所持しない、吸わない。

③アルコール・シンナー・薬物を持っていかない、手に入れない、使用しない。

④危険物（刃物や木刀その他、人に危害を与えるもの）を持っていかない、買わない、手に入れない、使用しない。

⑤暴力行為をしない。

「所持しない」「手に入れない」という表現も入れたのは、万引きなどお手のものだからである。

以上のことに違反があった場合、親は次の二つから選択しておき、緊急連絡先を書いておくというようにした。

A、京都まで子どもを迎えに行きます。

B、京都駅にて、切符を買い、新幹線に乗せてください（費用は後日払います）。

以上のことを説明すると、グループのメンバーは、「本当に帰すんだよね」という確認を私にした。実は、この誓約書には服装のことはあえて入れなかったのだが、そこは中学生。服装や頭髪もだと勘違いしてくれていたようだった。

悲喜こもごもの運動会

五月一四日は運動会であった。修学旅行準備と並行して運動会の練習も行われていた。どのクラスもグループメンバーが、気が向くと制服のまま練習に参加したり、タバコ吸い場にたまっていたりと大変だった。基本的に運動がさほど好きでないのが彼らの特徴だった。

予行の日は、飲み物の連絡が不十分で、そのため、ペットボトルで持ってきてしまう生徒がいた。認められていないのでこちらの連絡不足を謝りながら、預からせてもらおうとすると、暴れて帰る生徒も出た。

自分の給食の量が少ないということなどでよく暴れる俊輔という生徒は、自分も飲み物がほしいからペットボトルを買ってくると言ってきかない。やむなく父親に連絡すると（この母親は子どものいいなりなので、父親なら「水を飲めばいいだろ」と言ってくれると思ったのだが）、父は母に電話し、ペットボトルを買って持ってこさせた。ホルダーが必要だと言うと、すぐにホルダーを買ってきた。まったくどうなっているのかと信じられない思いだった。

運動会当日は、祐一は頭髪も服装もしっかりしてきてやる気だったが、途中の競技でクラスが失格になったのに腹を立て、母親の見ている前であるにもかかわらず、カラーコーンを投げて暴れ、押さえるのが大変だった。

敦はもとの中学の体操着で登場し、練習もしていないのにいきなり大縄の回し役を勝手にやり始め、クラスのメンバーも困っていた。さらに閉会式では、三年生がうるさいので指導に入った生徒指導担当の先生に対して、ジャージのすそを引っ張ったり、上着の紐を引っ張ったりとちょっかいを出す。先生はやめるように注意するが、だんだんとエスカレートし、左右の人差し指で腹部や胸部を強く突っつく。その手を払いながら注意するがやめず、ついに先生の左胸に二発ショートパンチをしてしまった。

またPTAとの対抗綱引きでは、代表クラス以外の生徒がなだれ込んでしまいそうな雰囲気で、私が、「入ったら三年生だけ運動会を終了する」と宣言しておさめた。

それでも生徒たちは「中学最高の思い出になった」というような感想を持ってくれた。何人かのものを紹介しよう。

《言葉に言い尽くせないほど最高でした！　これは全員の気持ち＝心が一つになった結果です。ムカデも長縄も学年種目も、自分の番が終わっても他の人の応援を声が枯れるまでしました。この行事でさまざまな人との交流ができて、親交を深めることができました。とにかく「最高」としか言えません。》

《四組は三位の中に入れなくて本当に悔しくてしょうがない！　みんなすっごい頑張って最後まであきらめないで、すごい団結したと思う。ムカデで何回も転んじゃって、痛いというよりも、悔しくて涙があふれてどうしようもなかったけれど、女子が頑張っているときに男子がみんな走ってくれて「頑張れ」って言ってくれた。そして六位になっちゃったのに、男子は「よく頑張った」って励ましてくれて、すごい嬉しかった。四組は本番に弱かったかもしれないけれど、頑張ったから、うちらの中では「優勝」って気持ちだ。》

なお、ツッパリグループの一人である達也は、

《運動会として初めて参加したけれど、とても楽しかった！　特に長縄は団結できてよかった。この調子で、合唱コンとかいろいろ頑張りたい。》

と書いていた。

修学旅行に連れて行けなかった二人

修学旅行は運動会と並行しての取り組みなので、旅行のしおりもなかなかできなかった。日曜日にやるしかなかったので、学年の職員に声をかけたが、部活や疲労のため、誰も来ることができず、結局自分一人で作るしかなかった。

私も疲れがたまっていた。しかし、もっとたまっていた職員がいた。それは敦の担任の松山先生だった。運動会が終わった頃から、どんどんやせていき、休みがちになってしまい、五月下旬に、ついに療養休暇に入ってしまった。英語はしばらく自習で対応するしかなかった。

担任の持ち手を決めるのが大変だった。校長は私に兼任しろと要請してきたが、この状態で担任までやってしまったら私も倒れてしまうと断り、新採用の磯崎先生に担任に位置付いてもらうしかなかった（結局、松山先生の療養休暇は一学期いっぱい続いた。二学期には復活するが、体調を考慮し、一年生の副担任として復活してもらった）。

この間、生徒間の迫害・暴力行為があった。敦にいつもくっついている同じクラスの勇樹と一輝が、別のクラスの弱い生徒に対して暴力行為を行ったのだ。被害者の親も怒っていた。今までもいじめられたり、暴力を受け続けてきたため、三年分の怒りを職員にぶつけてきた。私も忙しさの中で一〜二キロやせてしまっており、親も気の毒に思ってか、「こんなにやせてしまった杉田先生に言うのは申し訳ないけれど」と前置きしながら。

私たちはしっかり対応することを約束した。加害者本人と親に来てもらって説明し確認し、親子で謝罪に行かせた。この流れの中で、勇樹の両親は、「約束を破ったから修学旅行には不参加にさせる」と言った。私たちは何とかして参加させてほしいと頼んだが、ダメだった。本人は行きたくて泣いた。しかし、親が断固許さないのでやむを得なかった。

こうして、めちゃくちゃな中、修学旅行直前を迎えた。

学年会で当日のことを相談している際、突然、高木先生が、「敦は修学旅行に連れて行くのをやめるべきだ」と主張した。「運動会で対教師暴力をしたのだから、登校停止にすべきだ。昨年も祐一や翔にはそうした」と言う。

私は、「修学旅行が終わってから停止にすればいい」と主張したが、学年職員はみんな高木先生を支持した。敦はまだあまりみんなの言うことを聞かない。私は、修学旅行という特別な場面だから敦も多分、事件を起こさずに帰れると思っていた。何度も私は、「連れて行ってやってくれないか」とお願いした。「杉田さんの気持ちも分かる。主任として全員を連れて行きたいのも」とは言ってくれたがダメであった。

本人と親に伝えたところ、本人は泣いて泣いて泣きまくったという。親から、「何とかなりませんか」という電話があった。教頭に相談すると、「親がついて行くと言ったらよしとする、そんなところかな」と言ってくれた。同じクラスの敦の彼女の親からも、「自分がついて行くから何とかしてほしい」という電話があった。私は、もう一度学年に話し合いを求めた。しかし、一人ひとりに確認したところ、全員反対だった。

私は夜、食事がのどを通らなかった。敦とその親、彼女の親にはひたすら力不足をわびた。最終的に敦の母親は、「自分がついて行くから連れて行ってと頼んでみる」と本人に言ったようだが、本人は、「そこまでして行きたくはない」と割り切ったようだ。

こんなやり取りの中、運動会での敦の対教師暴力については、職員として被害届を出すということが決まった。

旅行中のトラブルはわずか一件

修学旅行当日がやってきた。服装も頭髪もみなきちんとしていた。夜、部屋の中でお菓子パーティーと称して部屋の中がものすごく汚いというところはあったものの、一日目の夜は部屋の抜け出しもなく平和に終わった。

二日目、事件が起きてしまう。おとなしい生徒たちが電車の中でいざこざを起こし、軽くだが暴力をふるう事件だった。私は親に連絡して帰そうと主張したが、三年間を見てきた高木先生は反対した。今までもこのメンバーはトラブルがあり、暴力をふるった生徒は、それまで三年間いじめられてきた生徒だというのだ。そこでやむなく親に連絡するということで収めた。それに対して達也から抗議があったが、事情を説明してわかってもらった。やや不満そうだったが。

これ以外は何の事件もトラブルもなく、修学旅行を終えられそうだった。タバコも、我々には全然吸っていないようにしか見えなかった。しかし、あれだけふだん喫煙しているものが我慢できるはずがない。どこでどうしていたのだろうか。前年度三年生を受け持っていた田中先生は、「去年よりずっと楽だったよ」と言っていた。我々も、普通の学年よりもずっと楽に感じた。添乗員には相当脅すような言葉を言っていたので、予想と違ってビックリしていた。

「先生、覚悟を決めて来ましたが、普通の学校より全然いいじゃないですか。楽をさせてもらいましたよ」

生徒も事件を予想していたようだった。旅行後、まじめな生徒が次のような感想を書いた。

《修学旅行は、最初はとても心配でした。何か事件やトラブルが起こるんじゃないかと思っていたからです。しかし、実際に旅行に行ってみると、みんな服装をしっかりして髪の色も黒に戻していてよかったです。宿についてては一部屋に入る人数が多くて大変でした。宿の料理も、もう少しよいものが出るとうれしかったです。でも全体を通して、楽しい修学旅行になったと思いまし

た。》

失踪事件のてんまつ

しかし、最後の最後に自分がまいた種で私自身が自爆してしまった。高木先生のクラスの生徒の姉が亡くなってしまった。それを帰りに伝えねばならなかった。それは承知していたのだが、私はホッとしたのと早く終わりたいのとで、京都駅で解散式をして（だいぶ待たねばならない時間があったので）、地元に着いたら流れ解散にしようと、職員の合意を得た。

ところが、流れ解散の意味が私と高木先生とで違っていた。私は文字通り流れ解散、しかし高木先生は最後にクラスごとに集めるつもりだった。電車を降りるとき、私は高木先生がその生徒のそばにいて伝え、自宅に送って行くだろうと思っていたら、そうではなかった。当の生徒は帰ってしまっていた。

「連絡だってあるんだから、最後はクラスで集めるべきだろ」

駅前で散らばっている生徒たちを見ながら、高木先生はムッとしていた。そしてあわててタクシーに乗った。

「やっと間に合ったよ」と駅に再び戻った高木先生。タクシーであわてて追いかけたところ、家と駅の中間地点で目指す生徒をやっと見つけて、お姉さんのことを話し、連れて行ったとのこと。私はひたすら謝罪した。

その後、飲み会。お互いに疲れていたし、高木先生は飲みすぎて、後で聞いたら覚えていないと言っていたが、私に絡み始めた。

「今まで何回も行ったけど、最低の修学旅行だ」

私はあえて無視していた。応答すれば言い合いになると思ったからだ。無視していると、さらに絡んできた。

「敦は切り捨てるしかない。松山は自分が敦を取ると言ったんだ。あいつの兄を知っているから何とかなるかもしれないと言って。あいつが悪いんだ」

大声でまくし立てた。私は許せなかった。

「敦を修学旅行に連れて来られなかったことだけでも私にとってはつらいのに、切り捨てるというのか。敦は大人の被害者ではないか。敦をあんなにしてしまったのは、親や教員たちではないか。そしてその親や教員をつくり出した社会ではないか。松山先生は今、心を病んでいるんだぞ。体も壊している。苦しんでいるんだ。彼だって一生懸命に取り組んだんだ。それなのに松山先生を攻撃するのか！」

そんな思いが酔った私の頭の中を駆け巡った。そして私はキレてしまった。

「そんなことを言う人とは一緒にやっていられない」

そう言うと、私は怒って帰った。そして、家族に宣言した。

「退職する。明日から失踪する。死ぬことはしない。連絡先は教えるが、群馬に行く」

「戻って来て塾かどこかで働く。給料は半分以下になってしまうかもしれないけど了解してほしい」と。

家族は、私が、言い出したら聞かないということをよく理解しているというか、驚きはしたのだろうが、冷静に受け止めて了解してくれた。今から考えると狂っていたというしかない。気持ちとしては、誰のために頑張ってきたのかわからなくなったということだ。クラスがあるわけではないのだから、「生徒たちのため」という実感はなかった。「学校のため」というのはあった。今年頑張ればまた来年、今自分に会うたびに「スギタ、がんばれ」と支えてくれた昨年の生徒たちを受け持つことができるとは思っていた。この生徒たちのためには頑張る気になることができた。しかし、今は「学校のため」に頑張っているとしか思えなかった。それなのに職員がこんなではやっていけないと思ったのだ。

こうして冒頭に書いたように、私は「失踪」した。

ただひたすら酒を飲むだけ

東京近郊の町についたのは、まだ午後になったばかりの時間。精神的にここまで追い詰められたのは、はじめての経験だった。

私の目的は近藤先生に会うこと。しかし、いつ会えるかは夜、連絡をとって都合を聞かねば分からない。夜になれば酒を飲んで紛らすこともできる。しかし、とりあえずやることがない。何もやる気にならない。映画を観ようかとも思ったが、そんな気にはとてもなれない。本屋に行けば、何時間でもいられるほど本が好きなはずなのに、本棚を素通りすることしかできない。何もやる気になれないという、どうしようもなさをはじめて体験した。ビジネスホテルで泊まる場所を確保すると、飲み屋があくまで、町をただうろうろしていた。

四時半にあく店があった。やっと開店時間になったのを確認すると、待ちかねたように店に入り、ひたすら飲む。そして一度ビジネスホテルに戻り、退職された群馬の近藤先生に連絡。翌日偶然、東京に用事で来られるとのことで、会っていただけることになった。その電話がすむと二軒目に行き、またひたすら飲み、前後不覚で眠る。

その間、翔、敦の親たち、池田さんから次々に連絡が入る。子どもや親には池田さんが私のこ

とを伝えたのかもしれない。翔は、

「高木とぶつかったんだろ。でも帰ってこいよ。スギタがいないと困るんだよ」

と私が消えた原因を知っていた。翔は四月、私との出会いを歓迎してくれていた。翔の父親がよく私に言ってくれた。

「先生には感謝しています。学校の先生の名前を中学に入ってはじめて私に言ったんですよ。いい先生だって」と。

そんな言葉が思い出された。

一方、敦の母によると、敦は、運動会のときの対教師暴力の被害届が出されたことで、早朝に逮捕されてしまったとのこと。信頼できる先生がいなくなったらどうしたらいいのかと敦の親。職場からも私がいちばん信頼している堀先生から電話。

「どうなっちゃっているの?」

「何もする気になれないというのをはじめて経験したよ。おかしくなっている。狂っているのかもしれない。でもおかしいと思っているから、それほどおかしくはないのかもしれない」

そんな会話をかわしたのは覚えている。

翌朝、目覚めると、やはりやることがない。どう時間をつぶしたらよいか分からず、買っておいた酒を手にする。

午後、指定された喫茶店で近藤先生と会う。顔を見るなり、

「疲れているね。とにかく休むことが必要だ」

とひと言。話を聴いてもらったあと、教員になって結局、退職をせざるを得なかった娘さんの話をしてくださる。私立の学校に赴任して、子どもの立場に立ってがんばったが、どうしても学校とうまくいかず、どうにもならない状況に追い込まれたのだそうだ。そのとき、近藤先生は、退職を勧めたという。それ以上がんばらせては、人間として壊れてしまうと考えたという。

「しかし、そんな私でも、君にはまだやめろとは言わない。君は必要とされている。やめてはいけない。休みなさい。すぐに復帰は無理かもしれないけれど、戻るべきだ」

と言ってくださる。しかし私は「復帰する」とは言えなかった。

「とにかく休んで体と心に相談してみます」

と言うのが精いっぱいだった。けれども、自分を受け止めてもらえたということで、ずいぶん楽になった気がした。

夕方は、また飲み屋のあく時間をひたすら待って前日とは違う店に入った。飲んでいると、隣に五十代と思われる男性が座った。人のよさそうな人なので、話しかけてもいいかと確認していろいろ話す。町の合併の話とか、その男性が直面していることを話してくれた。「何かあったようだけれど」と言いながら付き合ってくれ、「思いっきり歌でも歌おうか」と知っている店に連れて

行ってくれた。

二人でたくさん歌った。そして二人でラーメンを食べて帰った。名刺を持っている人ではなかったが、別れ際に、名前・電話番号・住所を小さな紙にメモしてくれ、「何か役に立てることがあったらいつでも連絡してくれ」と言ってくれた。人の温かさをつくづく感じた日だった。

生徒たちからのメッセージに涙

翌朝、池田さんから電話があった。「とにかく帰って来い」と。「俺が駅まで迎えに行く」と。かなり強い口調だった。いろいろな人のやさしさに触れながら、ここで拒否はできないなと思った。

携帯でやりとりしながら駅につくと、迎えの車で学校まで運ばれた。いきなり学校に行って自分が大丈夫だろうかと不安だったが、池田さんは有無を言わせなかった。

到着するとちょうど、高木先生が授業に出るところだった。「ごめん。何も覚えていないんだ」とひと言。「すみません。こちらこそ。迷惑かけて」とそんな気のきいたことを言えたのかどうか、覚えていない。たぶん、うまく反応できなかったのではないかと思う。

校長室で校長、教頭に迎えられた。

「休んでいいから、休んだら復帰してほしい。必要とされているんだ」と二人。池田さんからは昨年のクラスの生徒たちからの寄せ書きを渡された。彼らは校長室にみんなで乗り込んで退職届を破こうかと相談したが、それはやりすぎだということを元学級委員長が言って、寄せ書きにしたというのだ。

《先生、辞めないで！　一緒に卒業しようよ》

《早く戻ってきてよ。この間、うちらが三年になったら担任やってって頼んだじゃん。うちらはスギタにいてほしいわけ。だから早く戻ってきてよ。みんなスギタのことが大好きなんだよ》

《三年生なんかに負けるな。杉田先生、早く学校に戻ってきてください。三年生まで僕たちを見てください》

やさしい言葉であふれていた。読んでいると涙が止まらなかった。何人かの二年生が私を見つけるとやって来た。

「スギタ。大丈夫？」

私は恐らく、情けない顔でうなずいたのではないかと思う。

そのまま、車で池田さんと近くの店で飲みながらそばを食べた。午後二時頃だった。

そしてそのまま、三年のツッパリメンバーの一人の親の店に行った。そして飲んだ。そこに敦の親から、警察から解放されたとの連絡が入り、敦の家族全員がその店に集まって〝退所〟を祝って飲んだ。といっても敦の家族でお酒を飲める人はいなかったが。

それにしてもいい家族だった。敦が生まれた頃はバブルの時期でとにかく商売が忙しく、何も面倒を見てやれなかったと、両親は言っていた。そんな中でしつけるとなれば、安直だが、腕っ節のいい父親の暴力になってしまったようだ。

なお、そこで聞かされた話によると、私の失踪中、敦は逮捕されたわけだが、その日、父親が校長室に怒鳴り込んだという。

「てめえ、うちの子を警察に売ったな」と。

その激しい怒りに管理職は恐れをなしていたが、このとき助けたのは池田さんだったという。

「怒鳴り込むのは違うだろう。敦がやったことはいけないことなんだ。これをいいきっかけにするしかないんだ」

そう父親に話し、なだめてくれたらしい。

翌日は部活の大会だった。敦からは大会に来てくれという電話が入ったが（敦の彼女は私の部活にいる）、私は行けなかった。この日から食欲がまったくなくなってしまったのだ。

翌々日も、大会だった。その日、私は息子に車に乗せられて行き、少しだけ大会会場にいた。食欲はなく、恐怖感が襲ってきた。このまま食べられない状態が続いたらどうしようと思った。

腹が全くへらないのだ。こんな経験もはじめてだった。知らない店に行って食べられないと、まずいからだと誤解されそうなので、私は長年の知り合いの店に行った。脂っこいラーメンだったが、何とか食べられた。ホッとした。

その翌日から出勤した。私はがんばらないと宣言した（今までは何があっても先頭で駆けつけたが、みんなが行くのを確認してからおもむろに行くようにした）。

昨年の生徒たちにはお礼の手紙を書き、授業では差し支えのない範囲でいきさつを語らせてもらった。自習にしてしまっていたから。生徒たちは一緒に飲んでくれた男の人の話のところで、「ナンパじゃん、それって」と大笑いして聞いてくれた。

私の頭に円形脱毛症があらわれたのは、それからしばらくしてのことだった。

唾はき事件

修学旅行は成功を収めたものの、祭りの後は、やはり元に戻ってしまう。服装も私服（ニッカポッカ）で来る者もいるし、茶髪・ピアスの花盛り、授業も勝手ほうだい。特に選択の時間がひどい。数学選択を六クラス同時に各クラス二人配置でやっているが、その時間がいつも最悪。結局、学年外の先生をたくさん入れなければならず、関係性もできていないためにトラブルが多発するのだ。

総合の時間はクラスでやることにした。でないとメンバーが集まってしまうからだ。学年劇もあるので、キャストとスタッフだけは希望者に集まってもらっていた。

昨年度、この学年の劇はかなりひどいものだったので、私は自分がキャストの指導に当たることにしていた。キャストメンバーは授業妨害をする生徒も一部入っているものの、やる気はあるので最高だった。そのメンバーと楽しく脚本選びをしていると、なにやら騒ぎが起こっていた。そして緊急に私が呼び出された。達也が職員室であばれているというのだ。私の言うことならある程度聞くので頼りにされてしまう。

すぐに相談室に入れて話を聞く。唾を吐いたところ、誤って本多先生に唾がかかってしまった。すると本多先生が追いかけて来て、達也に唾を吐き返したというのだ。それで職員室に先生を追いかけて「本多を出せ」と暴れた。そのとき、あき時間の教員がおらず、校長が対応するしかなかったという。校長は、三年生は事件の起きた五校時で下校させることにした。

翌日、担任の高橋先生と本多先生、そして私とで達也の家に謝罪に出かけた。達也は執念深くはないので、これで了解してくれた。翔は私に、「本多、大人げなくない?」とさかんに言っていた。確かにそうだが、本多先生はわざとかけられたと思って、悔しかったのだろう。生徒にぶつかっていく姿勢は共感できた。

こんな事件はあったものの、修学旅行を過ぎた頃から、学年全体としては落ち着きを見せ始めていた。何より大きかったことが二つある。一つは、「応援団」が減ってきたことだ。たとえば、二年生のときに先生たちに強く反発していたある女子生徒は、「今年の先生たちの授業はみんないい！」と親に語り、困ったことがあれば私たちに相談に来るようになってきていた。

もう一つは、敦の進路が確定したことだ。敦は、昔風のツッパリで、義理人情がある生徒だった。私との関係もすでにできていたが、ツッパリ仲間のことで何か困ったことがあって敦に頼むと、「任せてくれ」と引き受け、説得してくれるなどの行動をしてくれていた。そんな敦を池田さんが気に入り、自分の会社の下請けのタイル屋さんに頼み、そこで面倒を見てくれることになったのだ。進路決定第一号だった。

この頃から、池田さんが時どき敦を現場に連れて行って見せてくれたりしていた。敦自身も、一年間働いて買いたいバイクを買い、免許も取ってと、将来の設計を考え始めていた。

他のツッパリメンバーも相変わらず格好はひどいし、学年外の先生たちとはうまくいかなくてトラブルことが多かったが、学年の先生たちの言うことはだいぶ聞くようになってきていた。

進路をめぐる対話

夏休みは狂ったように部活をやった。楽しかった。真夏の炎天下の学校で、生徒と一緒に走り、しゃべった。肉体的な疲れの何と心地よいことか。おかげでリフレッシュすることができた。その間、特に事件の連絡もなかった。

九月、信頼関係もある程度できたと判断した私は、学年職員の了解も得て、タバコ場閉鎖をすることにした。敦や翔に電話して、

「進路のこともあるし、もうタバコは我慢しなければいけない。ましてタバコ場があるのはまずいから、あそこは閉鎖するぞ」

と言って、みんなに伝えておくよう指示した。そして「何日から」と予告して閉鎖した。もちろん彼らはタバコが我慢できるはずもなく、校舎外で、トイレで、ベランダでと、その後もあちこちで吸うのだが、少なくとも公然と吸える場所はつぶすことができた。

ツッパリメンバーとも進路についてはいろいろ話した。エスケープしたり、事件を起こして逃げて行ったりしたとき、一人になるときがあると話をした。

「中学でたら、どうするの?」

「高校に行ければ行きたい」

「行きたいなら、まだ間に合うから、タバコをやめることと、授業にずっと参加し続けることは最低しないと」

「えっ、それは無理」

「だとしたら、今の状態で高校に入ったとして、卒業できるかな」

「うーん……」

「とにかく中退が一番いけないんだ。どうしてか分かる?」

「………」

「中退して何をするって決めて辞めるんならいいんだけど、たいていは辞めさせられるんだよね。そうすると中退仲間で行動するようになるんだ。卒業生で、そんな仲間とシンナーを吸うようになって、シンナー吸引していて何がなんだか分からないまま、高校生のトレーナーに火をつけてしまったのがいてね、大変だったよ。正気になって自分が怖くなってどうにもならなくてね。そんな経験はしてほしくないんだ。今の君の状態では高校に入れてももたない。高校に行くのがいいというわけではない。よく考えてほしい。進路を自分で決められた生徒こそ優等生なんだよ」

このあと卒業生で、「自分は高校に入っても続かない」と判断し進学は断念したが、成功した事例をたくさん紹介してあげる。逆に高校に行く選択をして中退になってしまったたくさんの例も。

さらに、絶対卒業すると決意して高校に入り、見事卒業できた人の例も。メッセージとしては、とにかく自分を客観的にとらえて、自分で進路を決めることをしてほしかった。進路を選択するということは、自分に向き合い、自分に出会うことだ。それができた生徒は、いったん決めた進路先から簡単には離脱しないものだ。

もちろん、決意しても失敗した例はたくさんある。しかし、ここで決意することが、うまくいかなかったときに再チャレンジする力になると思うからこそ、しつこく話をしたのだ。

客観的には、中学校の授業に入ることができていない彼らは、たとえ高校に入れても中退するのが目に見えていた。よく中学の教員は、中退してしまうだろう生徒にまで、高校に入ろうと持ちかけて、入試までの生徒の生活を何とかさせようとするが、私は、そんな進路指導のあり方には疑問を持っている。

大工の道を選択した達也

達也は、漢字検定三級があとほんの少しで取れるくらい優秀だったが、授業をきちんと受けることはできていなかった。彼とはよく対話した。

「俺、高校に行ってももつわけないよね」

「うん。やめたほうがいい。もたないよ。中学でこんなだもの」

「長距離トラックの運転手になるか、大工になるかって考えているんだけど、どっちがいいと思う?」

「大工がいいんじゃないかな。長距離トラックの運転手は年をとるとやっていられなくなるらしいよ。場所取りの争いとかいろいろあるし、荷物運びは体力勝負だから大変らしい。その点、大工は年とってもできる。私の親戚の大工さんは、八十を過ぎても現役でやっていたよ」

何回か、こんな会話をした。しかし、彼の本当のたたかいは、親、そして祖母とのそれだった。親や祖母がどうしても高校だけは行けと、彼の就職希望を認めてくれないというのだ。

それでも彼は粘り強く親たちと対話した。担任の高橋先生も彼の思いを受け止め、親と対話した。そして面談で親の了解を取り付けることができた。彼は嬉しそうだった。彼は、

「大工になる。まずは仕事に就く。そしてしばらくして定時制に行く気持ちになったら入学する。そしてやがて二級建築士を取りたい」

と言うようになる。そして同じ学年の生徒の親に頼み込み、健人という生徒と一緒に働かせてもらうことになった。

他のメンバーとも、同じように対話した。しかし、祐一はどうしても学校にこだわっていた。翔もだった。しかしまだ結論を出すには時間があった。対話を積み重ねていけばいいと思った。

武志の荒れ

九月末、合唱コンクールが近づいていた。三組が落ち着かなくなった。本多先生のクラスである。

武志という生徒がいた。ツッパリメンバーの一人である。中肉中背で、人に対して割としつこいと思われてしまうところがあり、また話もなかなか通じないときがあって、ツッパリグループからも浮くことが多かった。浮いていると孤立し問題も起こさないのだが、このときにはまたグループの中に入っていた。

彼は練習に参加しないのに、時どき練習を見て、「もっとまじめにやれ」などとみんなに声をかけていた。クラス対抗の最後の行事ということもあって、そんな武志に、まじめな生徒たちが練習をやろうと声をかけたり、引っ張っていこうとしたりする。武志はそれがむかつくのか、昼休みにそのメンバーを呼び出して威圧し、グループのメンバーにまわりを固めてもらい、トイレで殴るなどするようになった。また練習を邪魔するようにもなった。

私も三組の練習にできるだけ張り付くようにした。そして休み時間は、学年職員を毎日割り振って、三組に教員が誰もいない時間をつくらないようにした。

担任は、この事態を何とかするため、武志がいない帰りの会で、武志のことをどう思うか、どうしてほしいかということを書かせた。担任としてはたぶん、多くの生徒が「暴力はやめてほしい。最後の行事だから一緒にやろうよ。もともとやさしい人なのだから」というような内容のことを書いてくれると予想していたのだろうと思う。書き終わって集めると、だいたいはそんな感じで書かれていた。

読んでいると、同じクラスで武志と一緒に行動している大樹と陽介という生徒が、「全部読んでくれ」と要求した。彼女はすべて読んでしまった。ほとんどは「一緒にやりたい」という武志にとってても好意的な内容のものだったが、一部、彼の両親や家庭を非難するものも含まれていた。それを非行グループの他クラスの生徒である健人が極めて大げさに武志に伝えた。武志はキレた。健人は、そういうトラブルを起こして喜ぶようなところがあった。

翌日、武志は、担任に絡み、クラスに絡んだ。昼休み全員を集め、「誰が書いたんだ!」と一人ひとりつきつめようとする。暴力があってはまずいのでわれわれも見守っていた。

彼は担任にも抗議した。私は、全部読んだのはまずいと考え、彼女に謝罪を要求した。管理職も彼女を呼び、武志に謝罪することを求めた。しかし、彼女のプライドは、彼の納得するような謝罪を邪魔した。私は彼に謝罪した。彼は「わかってくれてありがとう」という言葉を返した。

立ち上がった被害者たち

毎日の威圧と異様な雰囲気に、被害者たちはついに立ち上がった。三組の生徒が五人でやって来て「被害届を出したい」との決意を示した。

実は、この五人のうち三人は、一年生のときからこのメンバーをはじめとするツッパリ連中のターゲットになり、からかいの対象にされたり殴られたりしてきたのだ。その今までのつらい思いに、今回ターゲットになった二人が共感し、私たちの四月の呼びかけに応えたのだった。

私たちは、加害者側に動きを察知されないように細心の注意を払って、目立たない場所で彼らと話した。

「僕たちは、一年生のときからずーっとちょっかいを出されたり暴力をふるわれたりして本当に嫌だった。そのたびに先生が間に入って、親も同席して、話し合ったり、謝ってもらったりしたけど、でもずっと繰り返されてきた。そしてまた今回もです。なんで僕たちがこんな目に遭わなければならないのか分かりません。四月に、先生たちが『すべての暴力を追放しよう。被害届を出そう』って言ってくれましたよね。僕たち、何度も話し合いました。そして勇気を出して警察に訴えようって決めたんです」

顔を紅潮させながら、代表して橋本という生徒が宣言するかのように言った。
私たちは、彼らの決意が固いことを確認すると、私はすぐに管理職と彼らを会わせた。私と担任はその日のうちに、その五人の家を一軒一軒家庭訪問した。この動きも察知されてはいけないので暗くなってからの行動とした。そして何があったのかということ、それに対して子どもたちが決意したこと、そのことの持つ意味を説明した。そのことの持つ意味とは、はじめて暴力に屈しないという決意をしたこと、仲間との連帯の素晴らしさ、加害者にとっても暴力が許されないことを教育されるチャンスをつくったということの三点だった。いずれの親も子どもたちの真剣な様子に、決意を尊重したいと言ってくれた。

生徒会長も被害に遭っているが、彼は出したくないと話していた。私は電話で話した。彼は、武志の今までの行動は、本当はみんなと一緒にやりたいという気持ちの表れだと分析していた。音楽の時間には自由曲を大きな口をあけて歌っているとも言う。この分析は、実は学年職員の分析とも一致していた。

「けれども、彼の暴力行為は許せない。彼を訴えるのではない。彼の暴力行為を訴えるのだ。そして彼が今後、暴力をふるわない生徒にしたいのだ」

と私は話した。そして親には、

「とにかく底をつかせてあげたい。このことが武志にとっての底つき体験になるようにしたい」

と訴えた。結局彼も合流した。被害届の対象者は、武志とそれに同調して一人に暴力をふるった翔だった。

荒れている生徒には、どこかで自分と向き合うことをさせたかった。それが日常的な学校の世界でできれば一番良いのだが、残念ながら、強制的な場面でないとできない場合もある。彼らの場合はそれに当てはまると思った。ある本からの受け売りだが、私はそれを、「底つき体験」と呼んでいた（『悲しみの子どもたち　～罪と病を背負って』岡田尊司著／集英社新書）。そうなるかどうか分からないが、今回の事件をそうしたチャンスにしたかった。

私たちは、まずは彼らを病院に行かせ、診断書を書いてもらった。何日間か、放課後、加害者側につかまらないように、またその周囲の者に分からないようにこっそり学年職員の車に乗せるなどして家に送り、動きを察知されないように配慮した。

警察には訴えないで！

しかし、放課後すぐの動きなので察知されないはずはない。武志と翔は、被害届を出すのではと予想して、「出さないでくれ」と被害者たちに頼むようになった。私たちは何かあってはまずいので、武志と翔に、直接交渉してはいけないと釘をさした。

その結果、動きは加害者の親たちのものとなった。今まで彼らはいろいろと軽犯罪を起こしているので、被害届を出されれば、鑑別所は確実だし、少年院もありうると親たちは考えたようだ。今回ばかりは、やってしまったことなので、親たちも低姿勢だった。二人の親は学校にやって来て、校長、教頭、私に面会を求めた。

「相手方が納得のいくような謝罪をしますから、被害届を出さないですませていただけるよう、学校側で間に入っていただけませんか」

校長は、このことが決着するまで、加害者二人を登校停止にすることをまず要求した。親たちはそれを受け入れた。その上で、まず私たちが被害者側の親子を集めて話をすること、次にその意向を受けて、被害者・加害者双方の保護者での話し合いを持つことで合意が得られた。

被害者側の親も子も、警察に被害届を出すことにこだわっていたわけではなかった。とにかく本当に反省してほしい、暴力がなくなってほしいと願っていた。そのため、次のような要求をしようということでまとまった。

①今まで何度もあったことなので、ただ謝ってもらうだけでは納得できない。

②今までのことを本当に反省し、もう二度と自分たちに暴力を振るわないことを確実に約束してほしい。

③もし万一、もう一度暴力があった場合は、今回のも含めて警察に被害届を出すことにしたい

ので了解してほしい。
④当分の間、学校に来てほしくない（ただこれは、家にいて本当の反省ができるのか疑問だという意見も出た）。
⑤以上を書面で確認したい。
はじめ被害届を出すのに抵抗していた生徒会長は、こうした要求が実現し、被害届を出さなくてすむなら、自分としてはこんな嬉しいことはないと言っていた。ただ、特に四番目の要求は難しいのではないかという意見が出され、ここは親との話し合いの中でどうするか考えていくことになった。

双方の親の話し合いでは、③についてはすぐに合意できたが、「ただ謝罪するのではなく、心からの反省の気持ちをどうつくり出すか」という①と②の要求、そして④の要求についてどうするかで、なかなか両者が合意する方法が見つからず、加害者側の親の宿題という形で、再度会合を持つことになった。

加害者の親は一生懸命だった。今度こそは、しっかりと自分を振り返らせ、何とか立ち直らせたいと考えていた。親が真剣に動いているのを知って、武志も翔も家で謹慎生活を送っていた。もちろん担任が毎日家庭訪問して、話したり一緒に勉強したりして寄り添った指導を続けたことも大きかった。

数日後、親たちが対策を持ってきて、被害者側に提示した。それは三週間ほど、二人の子どもをお寺に預けるというものだった。それも別々のお寺にである。非行に走った少年を立ち直らせるために、ボランティアで子どもを引き受けてくれる宗派があるのを見つけ、そこに頼み込んだのだ。もちろん息子たちを納得させた上であった。被害者側は、寺でどんなことをするのかを詳しく聞いた。その生活は次のようなものだという。

■早寝早起きをはじめとした生活規律の確立。
■料理、掃除、洗濯などは子どもが自分の手で行うこと。
■座禅を組むこと、自分を見つめる作文を書くこと、自分がしてしまったことについての振返りをしながら、今後のことを考えること。
■勉強をすること。

被害者側にとっても十分納得のできる提案だった。ただし、条件が出された。その期間を終えるには、学校側でそのお寺に行って、彼らの反省の様子を見て判断してほしいというものだ。主任と担任とでそれぞれ訪問して判断することにした。

こうして武志と翔は、別々のお寺で、生活が乱れたり、非行を犯したりした子どもたちと共同の厳しい生活を送ることになった。

お寺で自分を見つめ直した二人

私たちは、彼らがお世話になって一週間たったときに、一回目の訪問をした。学校からは車で一時間ほど離れた田舎にある翔のいるお寺を先に訪問した。

夕食が済んで、ちょうど片付けの当番になっている翔の姿を見た。学校にいるときの構えた目つきは影を潜め、おだやかな翔がそこにいた。朝、五時には起きなければならないこと、そのあとすぐに座禅を組むこと、自由な時間がないこと、友達と連絡をとれないことがつらいと言っていた。でも同じような経験をしながら立ち直ろうとしている仲間がいて励まされるとも言っていた。

続いて、また車で一時間ほど離れた、武志のいる寺を訪れた。もう八時をまわっていた。一日の反省の時間ということで、一人ひとりが座って静かに書き物をしていた。和尚さんに質問すると、自分と向き合うために、今日一日を振り返って何をし、何を考えたかを書いているとのことだった。三〇分間は誰とも何もしゃべらず、静かに自分を見つめるのだそうだ。

真剣な顔をして紙に向き合っている武志の姿を見て、会話はできなかったけれど、満足してお寺をあとにした。

あっという間に、三週間がたとうとしていた。午後の授業をやりくりして、私と二人の担任は、再び面会に行った。今回は判定をすべく、彼らときちんと話をする必要があった。

まずは、翔のいるお寺である。私たち三人は、和尚さんにも同席していただいて翔と面談した。今日は判断の面会ということで翔は少し緊張している感じだったが、ニコニコして迎えてくれた。やはり親から離されての厳しい生活が身にしみたのか、彼は涙を浮かべながら話した。

「今は反省しているし、ここに入って、自分と向き合えてよかったと思っている。自分がしてきたことをずっと振り返ってきて、本当に非常識なことばかりしてきたということが分かった。学校に戻れたら、勉強して、何としてでも高校に入りたい」

「ここでは、みんなで真剣に話し合うことをやるんですけど、すごく大変な環境の中でがんばっている人がいるのが分かって、自分は恵まれた環境の中で甘えていたなと思いました。自分と向き合えただけでなく、いろんな人と真剣な話ができてよかったと思います」

学校にいたときと違って、言葉を選びながらゆっくり語る姿が印象的だった。しっかりと考えることができているとの印象を持った。

「今までは、授業も出たり入ったり好き勝手にやっていたけれど、これからは途中で抜けることをしないでできそうかな」

と質問すると、

「大丈夫です。ここでは自由時間、全くなかったですから」

とすぐに答えが返ってきた。

武志のお寺に向かう車の中で、私たちは、翔は戻してもいいと結論付けた。

武志のお寺でも、和尚さんに同席していただいて面会した。

武志も十分反省しているようだった。表情は硬いが、喜んでくれているのが伝わってくる。親は一切面会できないので、訪問したのも私たちだけだから嬉しいのだろう。

「悪いことをしてしまって申しわけないと思っている。ここに入って自分のことを振り返れたのがよかった」

「もう暴力はしないと言い切れるかな」

「大丈夫です。今度してしまったら、警察に行くしかないし、ここでもつらかったのに、警察につかまればこんなものじゃないと思うし」

「学校に戻れたらどうするの？」

「勉強して高校には入りたい」

「授業はちゃんと出られるかな」

「ここで時間通りに過ごすのに慣れさせてもらったから大丈夫だと思います」

そんな会話をした。学校にいたときと違って、姿勢を正してしっかりと話をしようとしているのに感心した。しかし、残念ながら、担任とは目を合わせずにいた。まだわだかまりがあるのだろうか。そのことは引っかかったが、武志も態度や言葉からすれば、戻すという判断ができた。

二箇所の訪問で夜遅くなってしまったが、待ってくれていた学年職員と管理職に報告した。校長は、

「では皆さんの判断を受け、戻すことにしましょう。ただし、戻る前に校長面談をします。いつか私も約束させたいですから」

と言ってくれた。被害者側の親子にも状況を伝え、了解を求めた。

がんばり出した翔

こうして二人は、学校に戻った。周りの生徒には、「高校に行かせたいから、授業にきちんと出られるようにするために仕事の厳しさを体験している」というようなことを言ってあったので、スンナリと入ることができた。

帰ってくると、翔が私と話したいと言うので、すぐに夜一緒に食事をしていろいろ話を聞いた。

「修行は厳しかったけど、本当に自分と向き合えてよかった。自分がそれまでしてきたことが、どんなにひどいことかもよく分かった」

と面会での発言を繰り返しながら、さらに、

「この機会を通して、誰が本当に自分のことを思っている友達なのかということもよく分かった。お寺に行っている間、ずっと陽介が手紙を書いて励ましてくれていたんだ（面会は不許可だが、手紙は内容を見た上で許可されていたらしい）。陽介には本当に感謝している。自分はこれからちゃんと勉強して高校に入るつもりだ」

と人を見る機会になったことも語っていた。

陽介は、武志のクラスで、ツッパリグループの周辺にいるやさしい生徒だ。武志と同調しながらも、エスケープ等は絶対にしないで授業はまじめに受けようと努力していた。翔がこの生徒と強くつながれるのはいいことだと私は思った。励まし合いながら高校受験を乗り越えてくれるかもしれないと思ったからだ。彼の話はなかなか尽きなかった。

翔は見違えたように普通の生徒になろうとしていた。武志も前よりはずっとよくなったが、まだ少し他のメンバーにひきずられがちだった。授業中は教室にいるようにしていたが、すぐにタバコを吸おうとする。そこで翔がキレた。修行から帰ったとき「一緒にまじめに頑張ろう」と誓い合ったのに、と。武志と翔の対立となった。

一方、敦は、翔のいない間に番長交代をみんなに宣言していた。翔はむかついていた。しかし、陽介とともにいることで何とか自分をおさえ、「敦は力で押さえるタイプだから、みんなは最後に

はついていかなくなると思う」とも語っていた。

武志と翔の対立が、同じ三組の陽介と武志の対立となって現れた。陽介と翔が校長室に来て、訴える日が続いた。武志は陽介に対して、いやみを言ったり、いやがらせをしたりしていた。陽介が精神的に参っていた。武志にすれば、それまで仲良かった陽介を翔にとられたという思いだったのだとは思うが。

陽介の父親とも相談し、また武志の父親とも何度も相談し、何日か、武志を欠席にしてもらった。しかし、登校すれば同じことの繰り返しである。陽介が、これ以上いるとキレそうだからと、家に帰るということもあった。そんな状態なので、場合によってはもう一度、お寺に戻すという選択肢も考えた。

こういうときの翔の切り替えは早いし、見事だった。ゴタゴタが続くのが面倒だと思った翔は、最終的に武志と表面的に仲良くすることで決着した。

合唱コンで見せた素晴らしい三年生の姿

合唱コンクールが近づいていた。本校では、学年ごとにクラスで競い合い、課題曲と自由曲の総合点で評価し、最優秀、優秀、優良の三クラスを表彰するという方式で行っていた。

三年生の合唱は毎年素晴らしく、伝統になっていた。だから今年の三年生も全クラスが練習に力を入れていた。どのクラスの曲も大曲で、三年生にふさわしいものだった。学年のリハーサルを一時間で行ったが、その最後に私から訴えさせてもらった。

「どのクラスも当日は素晴らしい歌声を響かせることができそうです。さすが三年生です。そこでお願いです。今、新田中は荒れていると評判です。そして残念ながら、恐喝の事件などがあると、犯人は新田中を名乗るという状態になってしまっています。そこで、私たちが具体的に犯人を正すと、服装や頭髪から考えて本校にいない生徒であることが分かります。新田中にとって、とても不名誉な事態が起こっているわけです。しかし、みんなのこの合唱コンへの取り組みは、そのうわさや評判が、まるで当たっていないことを見事に示しています。どうか当日はみんなの本当の素晴らしい姿を地域の方々に見せてあげてください。当日は服装も頭髪もきちんとしてきてください。きちんとしていない人は、当日、檜舞台に立つことはできません。そういう人を排除しようとして言っているのではありません。みんなは節目節目にはきちんとできてきました。だからできるはずです。今回も全員がしっかりした服装で出てください。ぜひ仲間で呼びかけ合って、歌声はもちろん、服装も態度も素晴らしい合唱コンクールにしていきましょう」

当日、指揮者をやりたかったけれど練習にきちんと出ることができずにダメになり、その後あまり学校に来ていなかった女子と、同じような行動をとっていた女子の二名が、金髪で学校にやって来た。小さなときから知っている他の生徒の親が一生懸命訴え、頭を直し着替えて参加しようと強引に引っ張ってくれたが、最終的に参加しないことを選択した。また敦は、練習していないからと壇上に上るのはあきらめ、見学参加という形だった。その三人以外はきちんとした服装で参加することができた。

そして、翔、祐一、澤田（女子）などのアブナイメンバーがみごとに指揮者をやりきり、服装も歌声もすばらしく、「さすが三年生！」という評価でみごとに終わることができた。

実は、このメンバーは、指揮者をやりたくて、夏休み中も何回も学校に来て、音楽科の先生に指揮の指導をしてもらっていた。音楽科の先生たちは、服装・頭髪等の条件を出し、きちんとできるならということで、粘り強く働きかけ、指導してくれていたのだ。

また文化活動発表会の学年劇も、「雲の消失点」という特攻隊を扱った一時間近い劇を大迫力で演じて、三年生としての役割を立派に果たした。

それぞれの進路選択

このほかにも、数学選択のＴＴの時間に二組の男子二人がけんかしているとの通報が入り、止めに入ったところ、私の言葉に、自分だけが責められていると勘違いした生徒が、私に蹴りかかってくるという事件もあった。親に電話すると、「調査書に書くんですか」との言葉が返ってくる。私は、「本人とお母さんが悪かったと思ってくださっているなら書きません。思ってくださっていますよね」と返すしかなかった。

しかし、全体的には以前よりもさらに落ち着きを見せ始め、受験ムードになってくると、グループのメンバーも、昼頃、毎日学校に電話をしてくるようになった。

「今日は、帰りの会の時間は何時？」と。

学校には来たいし、みんなには会いたい。ただ、受験勉強に向かっているみんなには迷惑をかけたくないということだった。朝来ても少しいて帰って行くなど、邪魔になることをしないようになった。ときに放課後、体育館で遊んでしまうこともあったが、我々が行くとすぐに「分かった分かった」と引き上げてくれるようにもなった。三年生は平和になり、むしろ事件は下級生の学年で起きていた。

自分で就職先を決めてきた生徒が三名。武志は高校にこだわったが、最終的に調理師学校（通信制高校とも連携して、三年間高校生活と同じように過ごせる）に決まった。

翔と祐一も最後まで高校にこだわった。そして祐一は定員割れの県立高校に受かってしまった。もつわけがないので、説得したのだが。翔は落ちた。そして最終的に、定時制の二次募集に合格した。昼間は働くという。

敦の尻馬に乗って、エスケープなどを繰り返していた一輝は、最後まで進路を決められなかった。そして受験をする。当然、不合格である。発表の日の夜、達也と学校にいた。

「一輝はこれからどうするの?」と私。

「あ~あ、オレの高校ライフがなくなっちゃった。二年の成績だったら行けたのにな」

「だから何度も言っただろう。それなのにまじめに取り合ってくれなかったから」

達也が言う。

「就職を世話してやろうか。やる気があるなら今すぐ電話するよ。お前なら雇ってやるって、俺に言ってくれた人がいるから、その人に頼んでやるよ。その代わり肉体労働で大変だよ。かなり重いものを運ぶらしいから」

「えー、そんな仕事できないよ」

「じゃ、ハローワークにでも行くか」と達也。

「オレ、職安に行こうかな」

「お前、それ、ハローワークのことだよ。そんなことも知らないのか。でも仕事やったら夏休みないんだぞ」

「そうなんだよな。どうしよう。でも高校に行きたいんだよな」

「だったら定時制に行けばいい」

「でも夜だろ。夜は遊びたいし……」

「お前、そんなぜいたく言っていられる立場じゃないだろ」

達也と話していると、まるで親子のように達也が大人に思える。

私は、選択肢を示して考えてくるように言った。

「職業技術校で募集がある。少し遠いけれども。それが一つ。あとはバイトしながら、定時制。いちばん現実的なのはこの二つだね」

結局、一輝は職業技術校を選択し、入学することができた。

思い出を胸に

卒業直前はとても楽だった。歌の練習は一生懸命やるので、グループのメンバーは途中から来ると入れない。最初からいると、いるのが分からないほど、その一生懸命ムードに巻き込まれてしまう。

卒業遠足も、「一分でも遅刻したら連れて行きません」と宣言したので、メンバーはみな遅刻しなかった。おとなしいまじめな生徒が遅刻したが、宣言もあったので担任には申し訳ないが、バスをスタートさせた。一分遅れのスタートに、「出発が遅れている」と一部の生徒に言われたが。

番長を乗っ取った敦は、翔の予想通り、結局浮いてしまった。翔が再び番長の座におさまった。敦と、グループから抜けたい勇樹たち何人かが、翔たちとの対立を恐れて、卒業式に出られなかった。大丈夫だと言ったし、何もないように翔たちにも働きかけたが、勇樹の親などは、「もう新田中はいい」という雰囲気だった。

式の前日、私は最後の学級活動の様子を廊下で聞いた。三組の本多先生は大泣きしながら三年間の思いを込めていろいろな話をしているようだった。出てきた武志をつかまえて聞くと、「感動して泣いちゃった」と報告した。

式は、服装も頭髪もきちんとし、歌声も立派でキロロの「未来へ」などを思いっきり歌って卒業して行った。お別れの言葉は、卒業文集の中から、学年委員のものを選び、本人に語らせる形(原稿は見ない、読まない)にした。彼らは、運動会のこと、合唱コンクールのこと、文化活動発表会のこと、部活動のこと、生徒会活動のことをそれぞれ堂々と語って去っていった。

第Ⅱ部

〔対談〕

嵐の一年を振り返って

愛知教育大学教授
折出　健二
杉田　雄二

✻この本をなぜ書いたか

折出　第Ⅰ部「〝全面戦争〟からの生還」というタイトルの杉田さんの実践を読ませていただきました。今、全国の中学校は対教師暴力も含めて依然として荒れており（次ページグラフ参照）、その対応で先生たちが身も心もボロボロになっているという現状があります。ここではそうした実情がリアルに述べられ、さらにその中で一人の教師として、果敢に子どもたちに取り組みながらも、ついには失踪という局面にまで追いつめられていく、その経緯が内面の葛藤も含め、非常に率直に描かれている記録だと思いました。

そしてそうした大変な状況にありながらも教師というのは結局、子どもたちによって救われる、子どもたちによって育てられ成長していく存在なのだということを、特に実践の後半を読んで感じました。そういう点で、僕はこの本は、今の中学校の困難な現実をリアルに提起されたと同時に、教師としての生き方を考えさせる本ではないかな、という受け止め方をしました。

ところで、第Ⅱ部では杉田さんに質問を投げかけながら、さらにこの実践から深く学ぶ点を引き出していきたいのですが、まず最初にお聞きしたいのは、そもそも杉田さんは何でこの記録をまとめてみようという気になられたのでしょうか？　もちろん、出版社から声をかけられたということはあるでしょうが……。

小学校、高校に比べ、中学校の暴力発生件数はだんぜん多い

◇学校内における暴力行為発生件数の推移

文部科学省ホームページ「平成17年度生徒指導上の諸問題の現状について」より。

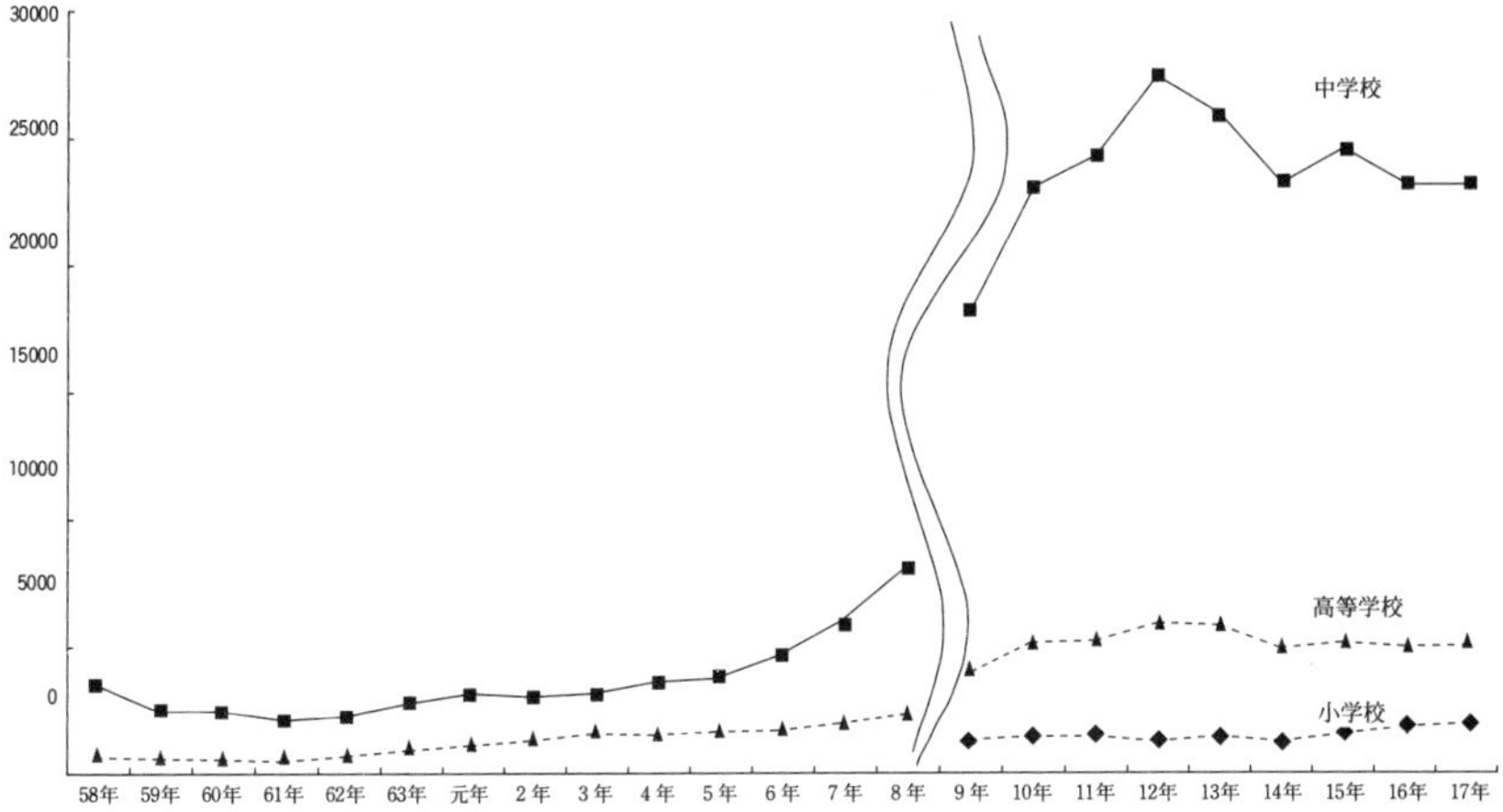

	58年度	59年度	60年度	61年度	62年度	63年度	元年度	2年度	3年度	4年度	5年度	6年度
小学校												
中学校	3547	2518	2441	2148	2297	2858	3222	3090	3217	3666	3820	4693
高等学校	768	647	642	653	774	1055	1194	1419	1673	1594	1725	1791
合計	4315	3165	3083	2801	3071	3913	4416	4509	4890	5260	5545	6484

	7年度	8年度	9年度	10年度	11年度	12年度	13年度	14年度	15年度	16年度	17年度
小学校			1304	1528	1509	1331	1465	1253	1600	1890	2018
中学校	5954	8169	18209	22991	24246	27293	25769	23199	24463	23110	23115
高等学校	2077	2406	4108	5152	5300	5971	5896	5002	5215	5022	5150
合計	8031	10575	23621	29671	31055	34595	33130	29454	31278	30022	30283

（注１）調査対象：公立小・中・高等学校
（注２）平成８年度までは「校内暴力」の状況についての調査
（注３）平成９年度からは調査方法等を改めたため、それ以前との比較はできない
なお、小学校については、平成９年度から調査を行っている

杉田　そうですね、いま中学校だけでなく小学校もそうなんですが、教師として生きていくことが今ほどしんどいときはない。現場では教師一人ひとりが分断される中で、悩んでいる人がいっぱいいます。そしてその苦しみを率直に表すことができず、退職という形で途中で辞めて行く方も多いですし、さらに生徒の立場に立とうとすればするほど職場で浮いたり、孤立したりというきつい状況に追い詰められていく。そういう仲間たちに対し、たしかに私自身、折出先生のご指摘のように、最後は子どもや親たちによって救われていくわけですが、その体験から、やはり教育に未来はあるんだということを示したい、そういう思いで一気に書き上げました。

✻仲がいいように見えてバラバラの群れ

折出　その思いは文章の中ににじみ出ていると思います。ところで、杉田さんは長年中学校の教師をしてきて、最近の子どもたち、特にこの記録に出てくるような敦、翔、達也、祐一など、いわゆるツッパリといわれる生徒たちはかつての、といっても十年くらい前としましょうか、そういう時期のツッパリたちと比較してどうなんでしょう、共通するものがあるのか、それともやはり違ってきていると思いますか？

杉田　違ってきていると思います。何がいちばん違ってきているかというと、「群れてはいるが、集団にはなれない」という点です。例えば、彼らがいっしょにいるとき、一人の子のズボンから財布が奪われる。奪われた側の子は誰が犯人かわかる。それはあの子たちの仲間なんです。ところが、それが誰かということを言えない。「あいつが盗ったんだ!」と、私には言うんですが、それを問題としてオープンにすることができない。みんな仲がいいように見えてバラバラなんです。

例えば本文の中に出てくる翔と祐一、二人は仲良しだと書いているんですが、本当のところはどうもそうではない。ときには意気投合するのですが、時どきものすごいケンカもする。「本当はオレはあいつを好きじゃない、合わないんだ!」といった言葉を私に投げつけてくる。本当の意味で共同するということが出来ていないという点で、昔のツッパリとずいぶん違ってきているなと思います。

折出　なるほど。そうした中で、杉田さんは彼らとつながっていくために、どのあたりに指導の力点をおいていこうとされたのですか?

杉田　彼らが一様に求めているのは、自分のことを見てほしい、知ってほしい、聞いてほしいということなんです。それは、彼らの中で見事に共通している。この子たちは中学に入ってからもそうですが、小学校の頃から教師との巡り合わせが悪かったようで、自分の思いを聞いてもらえないという思いが非常に強い。特に敦なんかはその思いが強くて、私がおにぎり代を五百円あげただけですごく喜んで「僕の話を聞いてくれた」「僕を信用してお金を渡してくれたんだ」と親に話している。それが彼にとってどんなに新鮮な喜びだったかということを、あとで親御さんからお聞きするのですが。

ですから、彼らの声に耳を傾けるというのはとても大切なことで、四月五日の夜、敦からの抗議の電話がきっかけでデパートのたまり場で、この学年に入ってはじめて彼らと話をしたとき、「女子のスカートが短いのはあまり注意しないのに男子の服装については非常にきびしい。それをずっと不公平だと思ってきたが、取り上げてもらえない。なぜか?」ということをぶつけてきた。

教師側にすれば、女子のスカート丈というのは指導が微妙でむずかしい、それに比べて男子の服装違反は目につきやすいため、どうしても注意がストレートにいってしまうんだろうけれども、彼らにすれば、やはりそれは不公平と感じているわけで、即座に、「わかった! 公平に扱うようにする」と言ったとたん、「話、わかってくれるじゃん」というわけです。教員の多忙というのはもちろんありますが、子どもたちの声に耳を傾けて教育活動をしていこうという方向に、今の教育そのものが向いてないというのは非常に残念なことだと思っています。

❇生徒との信頼関係をつくる上で何が大切か

折出　今のことに続けて、そういう問題のある生徒たちと向き合う上で、杉田さんが「この点は大事」と考えていることを聞かせてください。
杉田　一つは、いま述べたように「聞く」ということです。二つ目は、その「聞く」ということとに対応して教師側が言ったことを「実行する」ということがすごく大事だと常々感じています。教員というのは小学校なども含めて〝脅し〟が非常に多いと思うんです。「そんなことをすると親に言うぞ！」、でも実際は言わない、脅しだけ。そのことから、彼らは我々が言ったことを「どうせ脅しだ」と取ってしまう。

例えば私は、「一学期に三回遅れてきたら授業に出さない」などという強硬なことをやります。授業規律を守るために。で、三回遅れてきたときは一時間、廊下に立っていてもらう。しかし、授業を受ける権利を保障しなければなりませんから「その分、夜、うちへ行って教えるよ」と言うと、子どもたちは「本当にやるのか？」と問うわけです。そして実際、行くと「本当に来たーッ！」と言って驚きを持って迎えられる。もちろんこの強硬な手段は一回やると〝伝説〟として残り、転勤してもちゃんと伝わって違反者が出なくなりますので、今は言うだけですんでいますが。

ともあれ、家庭訪問したときの生徒の驚きようは、教師たちがいかに〝脅し〟というものを使い、〝脅し〟の中で生徒を従わせているかということを物語っていると思います。だから修学旅行でも「違反があったら自宅に帰す」という誓約書を出させる際、生徒たちは何度も聞きました。「本当に帰すんだよな？」「本当に帰す。私は言ったことはやる」と言うと、彼らは納得して自分たちなりに規律を守ろうとする。

同様のことは、三学期、お別れ遠足でディズニーランドに行ったときもそうでした。「集合時間に遅れたらおいて行く」と言ったら、彼らは、「じゃあ、先生、見えていたらどうなんだ。走って来るのが見えていてもおいて行くのか?」。「おいて行く!」と私は言いました。当日実際、おとなしい子が一人寝坊して遅れてしまい、おいて行くことになったんですが、荒れていた子たちはみんな時間を守っていました。

ということで、まずきちんと子どもの言い分を聞く、そしてお互い合意したことについてはしっかり守る、それが信頼関係をつくる上ではいちばん大事なことではないかと思っています。

❇学年集会のイメージを変えたのは

折出　よくわかりました。ところで、杉田さんは新学期早々の学年集会をこれまでと違ったものにしようとイメージを変えられますね。これは何をねらいとし、子どもたちに何を伝えようとしたのか、またその見通しについてはどうだったのかについてお聞かせください。

杉田　一、二年のときの学年集会は生徒が分断される学年集会、または教師対生徒の対立の学年集会でした。「生徒が分断される」というのは、リーダー層の何人かの女の子がみんなの前で注意するという形の集会。その女の子たちに聞いたら、「私たちは嫌だった。とても嫌な集会だった。自分でそういうことをやるのはつらかった」と言っていました。また聞いていた側も「あれは嫌だった」と。多分、教師の側も気持ちいい集会でなかったと思います。ですから、生徒にとっても教師にとっても、自分たちが主人公である学年集会にしたい、というのがいちばんの願いでしたね。

最初の集会は教師の個性を光らせたい、これが第一回目の目標。二回目は生徒の個性、各クラスの個性を光らせたかった。発掘してみると、いろんな子がいるわけです。そんなふうにしながら「自分たちの集会」という方向に持っていきたかった。ただ三年生で、進路の問題等に直面する中でなかなか継続していくことが出来なかったのですが、続けていけるのであれば「自分たちでつくる自分たちの時間、その時間をみんなで楽しむ」、または、問題があった場合はそれについて真剣に悩み考え合う、あるいは議決する、そういうふうな場にしたかったわけです。

❇「すべての暴力は許さない」という宣言の意味

折出　その学年集会でもう一つ注目したいのは「被害届」を出すことを含めて「すべての暴力は許さない」という宣言をされたことです。この「被害届」は生徒対生徒の暴力はもとより、対教師、さらには教師から生徒への暴力も含まれています。全国で同じような問題を抱える学校がありますす。ここまで思い切った宣言をすることについては、子どもたちがどう反応するか、あるいは教師が子どもに関わっていくとき、指導の見通しをどう立てるかなど、いろんな不安やとまどいがつきまとうと思うんですが、あえてそこに踏み切られたのはなぜなんでしょうか？

杉田　子どもたちは一年のときから生徒間暴力、二年になってからは対教師暴力が多くなりますが、その背景に、実は教員による暴力があったわけです。それは必ずしも問題行動の生徒に対してだけでなく、弱い子に対しても、例えばある教員が、注意するのに壁に頭を押しつけながらものを言うといったことがあった。教師は生徒を暴力で威圧する。生徒はそれに反発して弱い生徒、弱い女性の先生などにぶつかっていく。いわば学年全体が暴力の中に呑みこまれていたという状態ですね。

ですから私から校長に直接話したんです。こんな状況では、学校からすべての暴力をなくしていかない限り問題は解決していかないだろう。教師の暴力は、言葉の暴力も含めてなくしていくということを職員に要求してほしいと。それを受けて校長が職員会議の場で「すべての暴力を追放しよう」と言ってくれたわけです。そこが突破できたことから、生徒に対しては「暴力でものごとは解決しないんだ、すべての暴力を追放しようよ。そのためには場合によっては警察という機関を使うことも辞さない」ということが言えたということです。

折出　なるほど。しかし職員に確認を求めたとき、異論などは出ませんでしたか？

杉田「校長から」ということで出していただいたので、異論は出しにくかったのかな。確かに教員の中には暴力的威圧的に対応する人はいますし、このあともそれがゼロになったわけではないのですが、たとえば同じ学年でかなり威圧的にやってきた高木先生なども暴力はまずい、ということはよくわかっている。私が学年集会で宣言するときも、「この学年にもそういう先生はいるけれど……」と高木先生の顔を見ながら言うと、高木先生もニヤニヤして、「そうだ、オレやったからな」というふうに通じる。高木先生自身、まずいことはわかっているけれど、何とかしなければいけないという責任感で、そういう手段も使ってきた、しかしそれは変えなければならないということも十分わかっているのです。

✽力で押さえつけず、信頼してまかせる

折出　確かにそうした方向は、子どもの権利を尊重して、子どもからの異議申し立てや意見表明権を大事にするという方向なのですが、現実にはそれがかなりむずかしくて、そういう問題提起をしたいと考えている先生も、そんなことをしたら生徒がつけあがる、収拾がつかなくなるといった同僚教師の反対でカベにぶちあたる。あるいはその人自身、混乱を懸念するあまり問題提起に踏み切れないといったことはわりと多いと思うんです。そうした中で「暴力を許さない」の宣言に踏み切られた意義は大きいと思い、あえてお聞きしたわけです。

杉田　それが通らないというのは生徒を信用できてないということじゃないかと思います。以前、やはり体罰がある学校に勤務したことがあるんですが、生徒総会で私のクラスから校則について意見を出したいと言ったときに、ある先生がこうおっしゃったことを鮮烈に覚えています。

「そんなことを許したら生徒が何を言い出すかわからない。メチャクチャになってしまう」と。そのとき、「ああ、この教師は子どもが怖いんだな、子どもを信用していないんだな」というのを強く感じました。

子どもたちというのは、力で押さえつけるなどということをしなくても、先ほど言ったようにきちんと対話を重ねて、彼らの言い分を聞き、そこで合意したことはこちらもきちんとやり抜くということをすれば、それを守るし、生徒にまかせても少しもおかしいことにはならないんです。

以前、学年でキャンプを実施する際、行く日と場所以外はすべて生徒に決めさせるということをやったことがあります。山にある場所に行くので、行き方がいろいろ考えられたわけです。「貸し切りバスで行く」「電車に乗ってふもとの駅に行き、駅から路線バスに乗る」「電車を使うが、駅からは徒歩で行く」「すべて徒歩で行く」と、これだけの選択肢があって、生徒は学年集会で大議論をしました。結論は、費用等から考えて「電車で駅まで行き、あとは徒歩で」ということに決まりそうになりました。するとある生徒が、「条件付きでいいなら賛成する。その条件とは、通勤時間を避けるということだ。通勤客に迷惑だからだ」と述べ、その条件をみんなが認めたんです。

こんなふうに、生徒にまかせると、意外に常識的な線でものごとが決まっていく。そんな経験を僕自身はずいぶんしていますので、もし混乱を恐れて踏み切れないでいるという先生がおいでなら、「もっと生徒を信用しようよ！」ということをお伝えしたいですね。

❇多数派の世論を喚起した学年無記名投票

折出　それは、とても重要な提言ですね。このあと、休み時間の教室が荒れた生徒たちのたまり場になっていて怖くて入れないという問題をめぐって、あえて無記名投票という形で生徒の要求状況を浮き彫りにされますよね。そこにはもちろん、自治・自律をめざすということが根底にあると思うのですが、さらにもっと大事な問題が潜んでいるようにも思えます。このときの実践の意図や、生徒たちにどのようなことを期待されたのかというあたりをお話いただけますか。

杉田　荒れている子が一三人、それを応援している子を入れると四〇人になるというのはどこかに書いていたと思うんですが、そういう中で一三名の突出した子たちの言動は非常に元気なんです。応援団も非常に元気さを感じる。その彼らが三組と五組、いずれも女性の先生のクラスですが、そこをたまり場にしていて、我々教師の力だけではどかすことができなかった。たとえ投票をしたからといって、その場から彼らがどくとは思えませんでしたが、しかし一般の生徒、つまり多数派は、一部のそういった横暴を許してはいないんだということをここできちんと表明することが大事だと思いました。秘密投票であれば多数派は票を取れるだろうという見通しはありましたので。

しかし、学級委員たちには当初やはり「本当に票が取れるのか」という不安があった。正しい者というか、多くの者の思いが通らないのではないかという恐れを彼らは抱いていたんです。そこで、「そういう心配があるなら朝やろう、朝やれば突出した子たちは来ていない」。来ていたら「マルつけるんじゃねえぞ！」みたいな威圧があることも恐れていましたから。

そして実際、一九九名中一五五名の賛成が取れた。これは多数派の子どもたちには大きな意味があったと思うんです。ただこの後も、荒れている子たちの言動は元気で、結果を記した掲示物はすぐ破かれるんですが、しかし一般の子たちは「そうじゃないんだ！」という自信を持つことができたわけで、ここではそれを勝ち取りたかったということです。

折出　このとき、杉田さんの意向を積極的に受け止めて、中心になって動いてくれた生徒たちがいたわけですね。

杉田　学級委員の子たちは何とかしたいという思いがあって、こちら側の提起を受けて、当該クラスの生徒に「作文を書いてほしい」「それを訴えてほしい」ということを言い、さらに学年投票へと入っていった。リーダー層はそうやって動いてくれました。

折出　そういう世論の動きを知ったことで、学年委員の生徒の何人かは、それ以後起こってくるトラブルに対して、向き合う姿勢が変わっていきましたか？

杉田　このこと自体がきっかけで変わったわけではありませんが、二学期に入って、突出した子たちの荒れがある程度収まった後も、ときにはやはり乱れた行動が出てくることがありますよね。例えばトイレットペーパーを三階の窓から投げて、その投げられたトイレットペーパーが木にからまって枝じゅうにヒラヒラしている。そのとき、放送で「片づけまーす！　協力してください」と呼びかけると、ボランティアがけっこう駆けつけてくれて、元気にやってくれる。しかもそのときおもしろかったのは、トイレットペーパーを散らかした当事者の子たちも「ボランティア〜！」とか言って参加しているんです。後半は学年全体がそんなふうになっていきました。

❇問題を残した警察への電話

折出　そしていよいよこの実践の〝山場〟ともいえるいわゆる〝全面戦争〟——学校からの連絡でパトカーが来て生徒三人が連れて行かれるわけですが、その一連の展開で、いま冷静に振り返ってみて課題があるとすれば、それはどんなことでしょうか？

杉田　やはりこれは、我々の合意を得ないでやったという点で、管理職の対応に問題が残ったと思います。確かに、ガタガタした中でのことで相談する時間もない、管理職判断という形で教頭が警察に協力を要請したわけですが、そのことを学年主任の僕すら知らない。

「パトカーが来ている！　何が起こったのか？　誰か何かやったのか？」と、私たちもビックリするわけです。その辺りはたとえ緊急であっても、少なくとも学年主任くらいは呼んで、「こういう対応をするぞ」という了解というか、合意くらいは取り付けてほしかったというのは率直に言ってあります。

折出　緊急ということで管理職がパトカーを呼んだにしても、警察の方も、来た以上はこのま
ま引き下がれないと、生徒をパトカーに乗せて連れて行きますよね。その管理職の対応に強い疑
念を感じながら、結局、杉田さんもそれを認めてしまう。そのあたりはやむを得ない状況はあっ
たと思いますが、杉田さんの長年の経験からすると、このあと連れて行かれた三人の子どもたち
への影響はどうなると、その時点で考えておられましたか？

杉田　まずはっきりさせておきたいのは、パトカーを「呼んだのではない」ということです。
教頭の方で電話して、こういうふうな状況なので、何かあったときにはいつでも来られるよう待
機していてほしいと言ったところ、警察の方から一方的に来てしまった。そして、はじめは生徒
二人を連れて行くということをめぐってかなり押し問答したんですが、ダメでした。「われわれも
来た以上はメンツがあるんだ」と。仕方がないので、私はかけ合って「補導でも逮捕でもない」
という確約を得て、それで引き下がるしかなかった。

その時点で、今後の見通しはどうだったかと言われたら、非常にガタガタしていましたから、
見通しを考えるゆとりはなかったですね。ただこの場をとにかく収めて、逮捕も補導もさせない
ということだけで精いっぱいでした。

❇警察の力を借りるときの条件

折出　一般論として、校内で起きた問題に警察を呼ぶべきではないという意見がありますよね。その一方、対教師暴力も含めて〝新たな荒れ〟とか、〝関係性の崩壊〟とか、〝学校自体の崩壊〟とか、中学校の深刻な状況がさまざまに言われる中で、私の周りにいる先生方の中にも、警察の力を借りるのはやむを得ないのではないかという声もあります。杉田さんご自身は、それについてどんなふうに考えておいでですか？

杉田　警察の力を借りるというとき、やはりまず、関係する生徒なり保護者なりとの間で合意できる条件があるかどうかということ、それがいちばん大きいと思います。

先ほども話に出たように、この実践では暴力があったとき、被害届を出すということも選択肢にしていくわけですが、例えば生徒間暴力でも、対教師暴力でも、一回目あったときはいろいろやりとりした末、「今回は出さないが、もう一回やったら出す」という約束をする。にもかかわらず二度目起こしたとしたら、それは親としても子どもとしても心情的には納得出来ないにしても、仕方がないと受け入れることはできるだろう。そのためには、教師と生徒、教師と親との信頼関係が出来ていることが必要だと思うんです。

そういう条件がないところで、子どもを警察に託すようなことがあったら、結局、「警察に売ったな！」ということになってしまう。ただ実際には信頼関係ができてないため、暴力が起こるというケースが多いので、これは簡単なことではないのですけれど。

一方、被害届を出せば、鑑別所に入れられるということも起こりえます。そのとき「仕方がない。自分がしたことだから」と受け入れることができるなら、その生徒はそこで自分としっかり向き合って、前に進んでいけると思うのです。そういう状況をつくれるという教育構想の中でなら、権力の力を借りることも許されるのではないでしょうか。そうではなく、ただ困っちゃった、学校としてどうにもならないというので、外部に委託するというのでは決して好転しない。それどころかかえって子どもはますます大人不信になり、荒れるもとをつくっていく。そして荒れるからまた権力というのでは、まさに悪循環、教育は成立しなくなってしまいます。警察権力に依拠するときは相当慎重にやっていかねばならないと思います。

第Ⅰ部には、うまく位置付けられなかったので書きませんでしたが、祐一という子が対教師暴力行為をしたことがありました。お母さんは家で、暴力はいけないということを話して謝罪させようとしましたが、本人は言うことを聞かないので困りきってしまい、「被害届を出してください」と言ったのですが、教員の対応が悪かったということも多少あって、私たちは出しませんでした。出したところでこの子は反抗するだけでいわゆる「底をつかせる」ことができないと思ったからです。従って一律とか、形式的にでなく、あくまで「教育の構想の中で」というのが大事なことだと思っています。

❈問題グループをつなげているのは暴力

折出　話はちょっと元に戻りますが、敦の生い立ちのところで、学力の問題が出てきますよね。「かけ算もできないし、自分の名前も正確に漢字で書けない」。敦に限らず、この実践に出てくる問題を持った生徒たちの学力の実態はどうだったんでしょう？　ここに書かれていない部分も含めて、差し支えない範囲で教えてください。

杉田　多分、先生の予想とはちょっと違うと思うんですが、この記録に出てくる敦以外の子たちはいわゆる勉強はできる子たちです。四五〇点満点として、まじめに授業に出ていれば三〇〇点ないしは二五〇点は取れる。敦だけ特別でしたね。そういう集団がいっしょになって荒れていたわけですから、ちょっとこの学年は異質だったかもしれません。一般的にはやはり勉強ができない子たちが荒れる。現に、一つ下の学年がそうでしたから。

折出　学力的にはうんと差がある敦に大勢がくっついて荒れているという構図なんですね。

杉田　そうです。敦がいちばんパワーがある。力が強い、脅し威圧する。みんな怖いからとりあえず従う。それに他の学校から来ているからやることが目新しいわけです。要するに「お祭り」ですね。彼が来たために校舎破壊が起こり、その尻馬に乗ってみんなでお祭り騒ぎを演じる。その応援団が四〇人と言いましたが、そういう光景をおもしろがっていたのは、実はもっとたくさんいたのではないかと思います。

折出　つなげているのは暴力なんですね。

杉田　そうです。しかし力で押さえているから、後半、翔が敦に番長の座を奪われるとき言いますよね。「敦は力で押さえるタイプだから、最後はみんなついて行かなくなると思う」と。その通りみんな離れていくわけですが。

折出　だから後半、翔も含めて一人ひとりが進路に向けて歩き始めたとき、敦は浮いてしまうわけですね。終わりのところで、そこが非常に教訓的だと思いました。結局、力で押さえてつながっているけれど、それは本当の意味で集団にはなってなくて、一人ひとりバラバラだということ。そうした実態を、実践家の感覚で鋭く読みとりながら、子どもたちに関わっていかれるのだと思います。それにしても先ほど〝異質〟と言われましたが、そういう学力の中位程度を保てるアビリティがある子たちが、日常の流れをくつがえす「お祭り」とはいえ、何で暴力的なトラブルや対立を起こすのか、それはどのあたりからきているのでしょうね？

杉田　一つは学力のとらえ方なんですが、テストをすればできるが、彼らはきちんとすわって授業を受けるとか、物事を考えるということはあまりできない。衝動的に動くというのが、この子たちの共通の特徴です。二つ目はやはり家庭の歴史みたいなものはあります。父親が元ツッパりだったとか、そこから受ける親の影響ですね。三つ目は大人に対する不信感。特にこの学年は教師に対する不信感が大きかった。そういう子たちが教師に向かって反抗する。

折出　その中で、特に学力が低い敦については何か特別な取り組みをされたのでしょうか？例えば、別室で個別に勉強を教えるとか。

杉田　別室でやってもすぐ遊び場にしてしまうので、それは全く無理でした。ただ敦は義理人情が通じる昔風のツッパリで、話せばわかる。何か頼むとすごい力を発揮する。仲間間のトラブルがあったとき、「きみの力でこのことについて何とかしてくれないか」と依頼すると朝早くから汗かきながらやって来て調整に入っていく。他人のために役立つということについてはがんばる子なんです。その点、敦は池田さんとつながりながら職場見学に行き、この記録には「進路決定第一号」と書いてありますが、卒業後の進路を切り開いて行く。最終的に学校でつける学力でなく、社会に生きて使う力といっていいでしょうか、それが私たちの援助だったわけです。

❋「どう生きていくか」を問い続ける

折出　その進路に関連してですが、僕は今、これだけ困難な問題を抱えている中学校にあって、大人不信や教師不信でトラブルを繰り返す子どもたちに進路を選び取っていく力、本来の意味での生きる力・学力をつけていくことは、ますます大事になってきていると思うのですが、杉田さんの場合、その学力も含めて、そういう子どもたちに取り組んでいく上での着眼点といいますか、力点の置き方で、これは言っておきたいという点をお聞きしたいのですが。

杉田　たまたまこの学年で荒れていたのはある程度勉強が出来る子が多かったと話しましたが、いま私が持っている学年で、（一般的にもそうだと思いますが）荒れているのはいわゆる学校的学力が低い子たちです。

中一で教科書もノートも持って来ない。手ぶらで学校に来る。そういう子たちが年々増えている。そういう子は「中学校に入学して来ない」と言っていいと思いますし、中学校で用意している勉強に最初から意欲を示さない。高校に行きたいという気持ちはあるのかも知れないが、それについても考えることができない。流されるままに、流れるままに学習放棄したり、エスケープしたりしている。

こういう子どもたちを持ったとき、やっぱり大切なのは、「どうやって生きていくのか」ということですよね。それは中一や中二ではなかなかむずかしい課題なんですが、彼らはすでにそういう問題に直面している。学校で用意した勉強に向き合えないなら、じゃあどういう生き方をするんだと。そういう問題に迫られる場面にきているわけです。

だから僕らのメッセージとしては、「どうやって生きていくの」、それもただ対話をするのではなく、例えば、「世界がもし一〇〇人の村だったら」などのビデオを見せて、ガーナの子どもがカカオを一生採り続けなければならないのだけれど、そのカカオがチョコレートになるということは知らないんだとか、夜回り先生のドキュメントで、夜の世界に行ってしまった子たちのケースを見せながらそんな道に行くことがいいのかどうか、といったことを突き詰めて考えさせる。そういったビデオを見せると、子どもたちは非常に考えていくし、どちらかというと、問題を抱えている子どもたちの方がかえって真剣に見る、あるいは聞くといった状況があります。

ただ先ほど言ったように、生き方といってもむずかしいので、アンチとして、「こんな道に行っていいの」という問いかけですね。あるいは他の国の子どもたちの現実を見ながら、自分の生き方をどうするのか考えてもらう、あるいはそのきっかけをつくる、そういうことをずっとやっていく必要があるのかなと思っています。

折出　以前から杉田さんの実践に注目してきていますが、何年か前、エイズ問題を授業で扱って、ツッパッている女子生徒が真っ先に反応してきて、それをきっかけにエイズをめぐる討論が深まっていくとか、さらにチェルノブイリを教材にされた実践もありました。それらも広く子どもたちの生き方を考える取り組みで、そうした問題意識が一貫して杉田さんの実践を貫いているという気がします。しかも現実をリアルに、しかも批判的に見る問題にトラブルを繰り返す子どもたちが食いついてくるというのは、そういった生徒ほど学ぶことの意味を探っているんだということが、今のお話の中で改めてうかがえたような気がします。

杉田　ついでに言えば、荒れている一学期、僕の授業で問題のある子たちを入れて成立した授業は性の学習だけでした。教科の授業で彼らが授業に入るということはできなかった。しかし、性の授業をやったときだけはみんなちゃんと話を聞きました。これは、泌尿器科のドクターに来ていただいて一時間話してもらったんですが、一時間ではとても終わらないというので、「じゃあ、後は私が引き継ぎます」と言って、合計二時間やったのかな、そのときはみんな本当に良く参加していました。

❇保護者に対応するとき大事なこと

折出　ところで、先ほど敦の進路のことで池田さんという方が登場しますが、この方は前年度、杉田さんが受け持った生徒の保護者だということですよね。先生のためにも子どもたちのためにも大奮闘してくれているのですが、この方がここまで関わってくれるのはなぜなんですか?

杉田　池田さんとの出会いは激しい対立でした。はじめて対応したのは夜、突然の電話で、「てめえ、わかってんのか、このやろう、何で病院へ連れて行かねえんだ、バカやろう!」と激しく罵倒されました。つまりお子さんが足を痛めたというのを私たちは知っていたんですが、その後も本人は走り回っていたので、たいしたことはないと判断して病院に連れて行かなかった。ところが実際には骨折をしていた。私たちの判断が甘かったわけです。

そのとき私はあわてて病院に駆けつけ、ひたすら謝ったのですが、その後もいろんなことで池田さんは学校へ文句を言ってくる。事件の指導でも対立する。そのたびに私は家庭訪問し、お父さんの言い分を丁寧に聞くことに徹しました。そして父子とのトラブルがあると、いつでも駆けつけ、調整もする中で、とにかくこの子を良くしたい、そしてお父さん自身にも変わってもらいたいという点も要求しながらお付き合いさせていただくうちに、その思いが伝わって信頼を寄せてくれるようになり、私が学年を離れても、「杉田を守る。そして来年もう一度、息子の学年を受け持ってもらう」と言って、何かあれば学校に駆けつけて、私たちを助けてくれるようになったんです。

折出　それは奇跡的ともいえる信頼関係ですね。しかし最近は身勝手でむずかしい親が増えてきているといわれるのですが、杉田さんが保護者と対応されるとき、この点だけは大事にしているということを幾つか聞かせてください。

杉田　やはりいちばん大事なのは、どんな親でも自分の子どもがまっすぐに生きて行ってほしいという願いを持っている、その願いを受けて話をするということ。この子にまっとうな道を歩んで行ってほしい、良くなってほしいんだという思い、ひと言で言えばそういう思いで話をすることかなと思います。

よく失敗する例としては「学校として」とか、「こういう問題が起こって学校として困っているんだ」とか、「この子にこんな問題を起こされては担任として困るんだ」とか、それがストレートに言葉として出ないまでも、そういう思いを持って接したときに、親は必ずそれを見抜きますし、子どもも見抜く。逆に、本当にこの子のことを思っているんだという立場で接したら、どんな親とも必ず一致できるし、その子がどんな友だちとつき合っていようと、どんな非行グループと関係があろうと、その相手とも話ができると思うんです。

先ほど述べた池田さんとの関係でも、しょっちゅうぶつかるんですが、ぶつかることを恐れず、この子をこういうふうにしたいんだ、そのためにいっしょにやっていきたいんだという思いを伝える中で、やがてわかってもらえるときを迎えたと思っていますので。

折出　しかしここで、子どもがパトカーで連れて行かれたということをめぐって、翔や祐一の母親はかなり強い態度で抗議に来ますよね。教師の中には先生のようなベテランだけでなく、若い先生もいますし、そういう方には大変きびしい場面なわけですが、それでも生徒のことを基本にすえて関わっていくということでしょうか?

杉田　これはトラブルの場面だからきついのであって、基本的にはこのようなトラブルを起こさないというのが原則ですよね。このときのトラブルというのは我々教師の責任であって、警察を呼んだことから、「売られてしまった」と親が思ってしまったんですから、トラブルのは当然、仕方ないことです。

しかしその翔の親にしても、私に対しては、「今まで、この子の口から先生たちの名前が出ることはなかったんです。それが、はじめて家で、杉田さんの名前を言ったんです」と感謝してくれている。ですから「子どものことを思っているということが伝わりさえすれば、親は敵になることはないんだ」という楽観性を常に持つことが大事だと思います。実際いろんな親がいますから、いつもうまくいくとは限りませんが、私たちは常に「この子のことを思っているんだというメッセージを出しながら、いっしょに前に進んで行きたいんだ」ということで働きかけていく、それが基本じゃないかと思います。

❇「失踪」まで追いつめたものはなにか

折出　そのように楽観性が大事と認識されている当の杉田さんが立ちすくんでしまった。ここでは「失踪」という表現で書かれていますが、挫折したのはなぜですか?

杉田　挫折ではなく、逃げたんですよ。

折出　逃げざるを得なかった?　う〜ん、ズバリ聞くほかないんだけれど、何がそこまで追いつめてしまったんですか?

杉田　一つは、自分ががんばらなければならない学年主任の立場であったということ。この中にも書いていますが、私はそれまで一年生を持っていて、順当なら二年生に持ち上がるはずなのに三年生に飛ばされたんです。当然生徒の名前も知らない。その知らない学年に突然入って、その子たちをこれまで一年間、あるいは二年間授業で受け持って来たような先生たちから「三年生を何とかしてください」と言われる。それはどういうことなんだ、私は名前もわからないよ、先生たちの方が関わりが出来てるはずじゃないか、というような状況の中で、とにかく自分ががんばるしかない。

だから事件が起きれば、いつでも先頭切ってすっ飛んでいく。ここにも書いてあるように、学年便りなどはすべて私がやる、実務についても出来るだけみんなに負担をかけないようにやれる範囲で私がやる。朝は毎日六時半、遅くても七時には学校に行って一～一時間半仕事をするということをずっとやっていた。

そして修学旅行をめぐっても、まだ細かい日程も決まっていない。三日目はどこを見学するかということすら未定。そんなふうな形で投げ出されて、さらにしおりを作るために日曜日に集まってほしいと訴えたけれど、新しく学年に入った人も多いので、みんな子どもとの関係づくりで疲れ切っている。または部活動の大会が入ってしまっていて誰も来てくれない。結局一人でやらざるをえない。

ということで、がんばりにがんばったんですが、がんばるとき必要なのは、「がんばりを、い、い、い、受け止めてくれる誰か」なんですね。しかしそれが残念ながら飛び入りの学年主任という立場には非常にきびしかった。例えばクラスを持っていれば、クラスの生徒たちとの関係性ができただろう。この子どもたちのためにがんばるという気にもなる。しかしクラスは持ってない。全クラス授業は持たせてもらったものの、当初は生徒の顔も名前もほとんど知らない。そんな中で誰のためにがんばっているのかというと、やはり「学校のため」しかなかった。学校がいま危機にあるので、おまえが学年主任としてがんばってくれ、と。そういう要請を受けたために自分ががんばるしかないと思ったんだけれど、悲しいかな、顔が見えない。

かろうじて顔が見えているのは学年の職員だけれど、その中の高木先生から「敦は切り捨てるしかない」などという、私としてはショッキングな言葉を投げつけられた。そしてもう一つ、体をこわして休職に追い込まれた松山先生、この先生は前の学校でいっしょだったこともあり、この学年を持つと決まったとき、松山先生といっしょに学年をつくっていこうという思いを、実は持っていた。その松山先生が倒れてしまい、こともあろうにその松山先生を高木先生が責めた。これは僕にとってはかなり強烈なパンチだった。

高木先生の「子どもを切り捨てる」という発言も実際、わからなくはないんです。本当に大変な子なんで。いなければどんなに楽だろうというのは誰しも思うわけで、別に高木先生も本当に切り捨てるつもりで口にしたのではないと思うんですが、僕にはそれが耐えられないことだった。疲れやさまざまな思いがたまっていたのが、その高木先生のひと言で、針で刺された風船のようにパーンとはち切れたという感じですね。

折出　「がんばりを受け止めてくれる誰か」というのは、杉田さんにとってはやはり生徒ですか？

杉田　僕にとっては生徒ですね。担任を持たないという経験がきわめて少ない教員なんで。持たないのは今回が二度目。いつもクラスの子どもたちに支えられながらきたわけで、しかも学年主任はこのときはじめてですから。そういう意味で受け止めてくれる生徒がいないというのは致命傷だった。もちろん昨年持った生徒たちはそれなりに支えてくれるわけですが、やはり目の前にいる子どもたちの中に支え手がいないというのはつらいことでした。

❇学校から「逃げて」復帰するまで

折出　「逃げた」ということについて、僕は医療にはもちろん素人ですが、それは「退却神経症」と呼ばれているある種、仕事をしていればメンタルな面で誰でもぶつかりやすい局面ですよね。「退却神経症」というのは精神科医の笠原嘉さんが名付けたもので、その症状が出るのは内臓であったり、様々なんですが、行動で出たとき、杉田さんのように「失踪」という形も起こりうるんだと思うんです。

私の知っている東海地方のある若い先生も、朝出勤してまっすぐ行けば職場に着くんだけれど、無意識にハンドルを切ってしまって気が付いたら北陸の福井の方に行っていた。避けよう避けようとしているうちに、そこに行ってしまったということでしょうね。

杉田さんの場合も学年主任としての立場、それから生徒の問題、まわりの同僚同士のつながりなど、課題をいっぱい抱えていてそうならざるを得なかったと思うんですが、本当に辞めようと思ったんですか？

杉田　本当に辞めようと思ったんですね。すべて片づけてしまって、あとで提出しなくてはいけない勤務評価に関する資料なども全部処分してしまった。そろそろ提出時期だというときになって、「ありません」ということで、困ったことが多々ありましたから。

折出　学校から「逃げた」その後に、子どもたちから「戻って来いよ」というメッセージが入ってきますよね。それを受けたときはどんな気持ちでしたか？

杉田　夜、夜中にいろんな人から電話があったのですが、そのときは戻るとか、戻らないというのは白紙状態で、ただ聞いていただけです。どうしていいかわからないし、自分をどう処していいかもわからない。考えるということも出来てなかったのではないかと思います。その瞬間瞬間をただ無為に過ごしていたという方が正確かもしれません。時間が経つのが非常に長く感じられたし、時間が経つのをひたすら待っていました。

折出　その後、職場に復帰されるわけですが、復帰しようという気持ちにさせたのは何ですか？

杉田　復帰しようという気持ちはそんなに強くなかったんですよ。ただ池田さんから電話がかかってきたとき、「これはもう逃げてはいけないんだな」と思った。で、「来いよ」と言われたんで、「しょうがないな」と思って駅まで行ったところ、いきなり車に乗せられて学校に連れて行かれた。しかもさらに強引に校長室に連れて行かれて、「いやー、マイッタなあ！」というのが率直なところでした。自分の気持ちは全然ついていっていないのに、荒療治にハメられてしまったという感じ。校長室に入った以上、話をせざるを得ない。話をすれば復帰の方向に向かわざるを得ない。あれよあれよという間に線路が敷かれてしまったということです。

結局、代休の一日も含めて三日間逃げていて、翌日は土・日だったのですが、その土・日には部活があって、本来私はその部活に行かなくてはならない。敦の彼女が私の部にいたので、敦からも「部活に来いよ」というメッセージが入るんですが、その部活に行けないいんです。「オレが呼んだのに何で来ねえんだ！」と、敦には怒られるんですが、行けなくて、結局日曜日、この日は競技場で大会があったので、息子に車に乗せてもらってやっとの思いで会場まで行くんですが、ちょっとつき合っただけですぐ帰ってしまった。そんな有り様なので、すぐ復帰できるという状況ではなかったと思います。

❇心身の健康を保つために何が大切か

折出　そんな大変な体験は杉田さんの歩みの中でもはじめてのことだったと思いますが、全国

教職員の健康状態

財団法人労働科学研究所「教職員の健康調査委員会」2005年11月調べ。大阪、神奈川、岩手、大分、鳥取の小中高教員1001校6000人対象。

①健康状態（回答2, 452人）

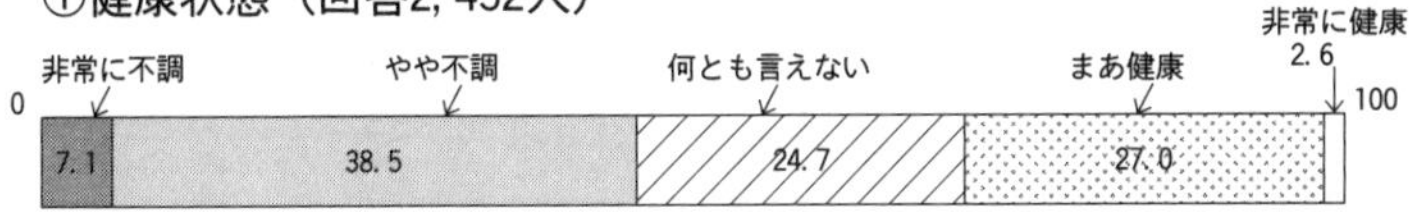

②仕事での身体の疲れ（回答2, 453人）

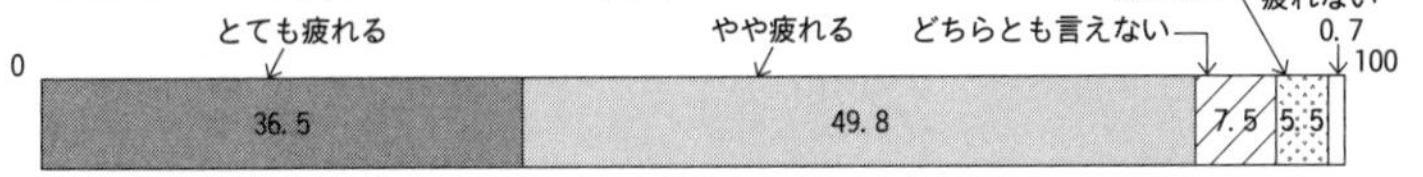

③仕事での神経の疲れ具合（回答2, 451人）

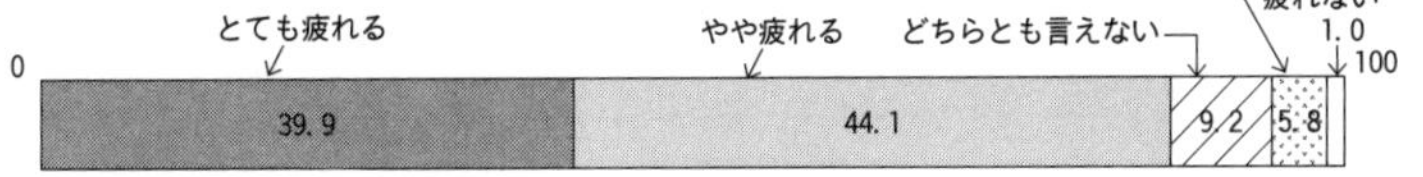

④疲労の翌朝への持ち越し（回答2, 453人）

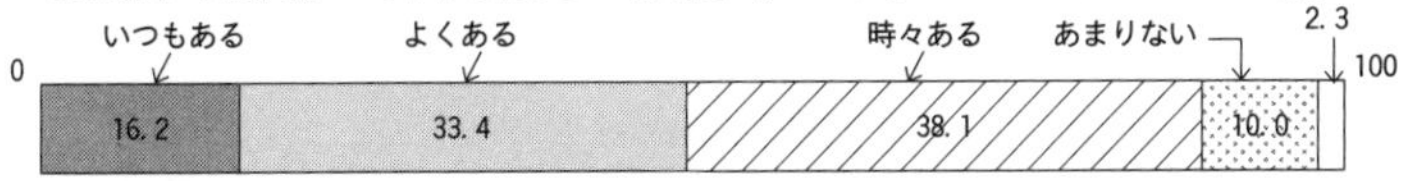

⑤仕事や職業生活への強い不安、悩み、ストレス（回答2, 446人）

⑥将来の健康に対する不安（回答2, 450人）

◆健康状態では「非常に不調」「やや不調」が合わせて45. 6％、仕事での身体の疲れ86. 3％、神経の疲れ84. 0％、疲労の翌朝への持ち越し49. 6％、そして67. 1％の教師が仕事や職業生活への強い不安を抱き、将来の健康が不安という人が91％にものぼっている。

財団法人労働科学研究所「教職員の健康調査委員会」2005年11月調べ。大阪、神奈川、岩手、大分、鳥取の小中高教員1001校6000人対象。

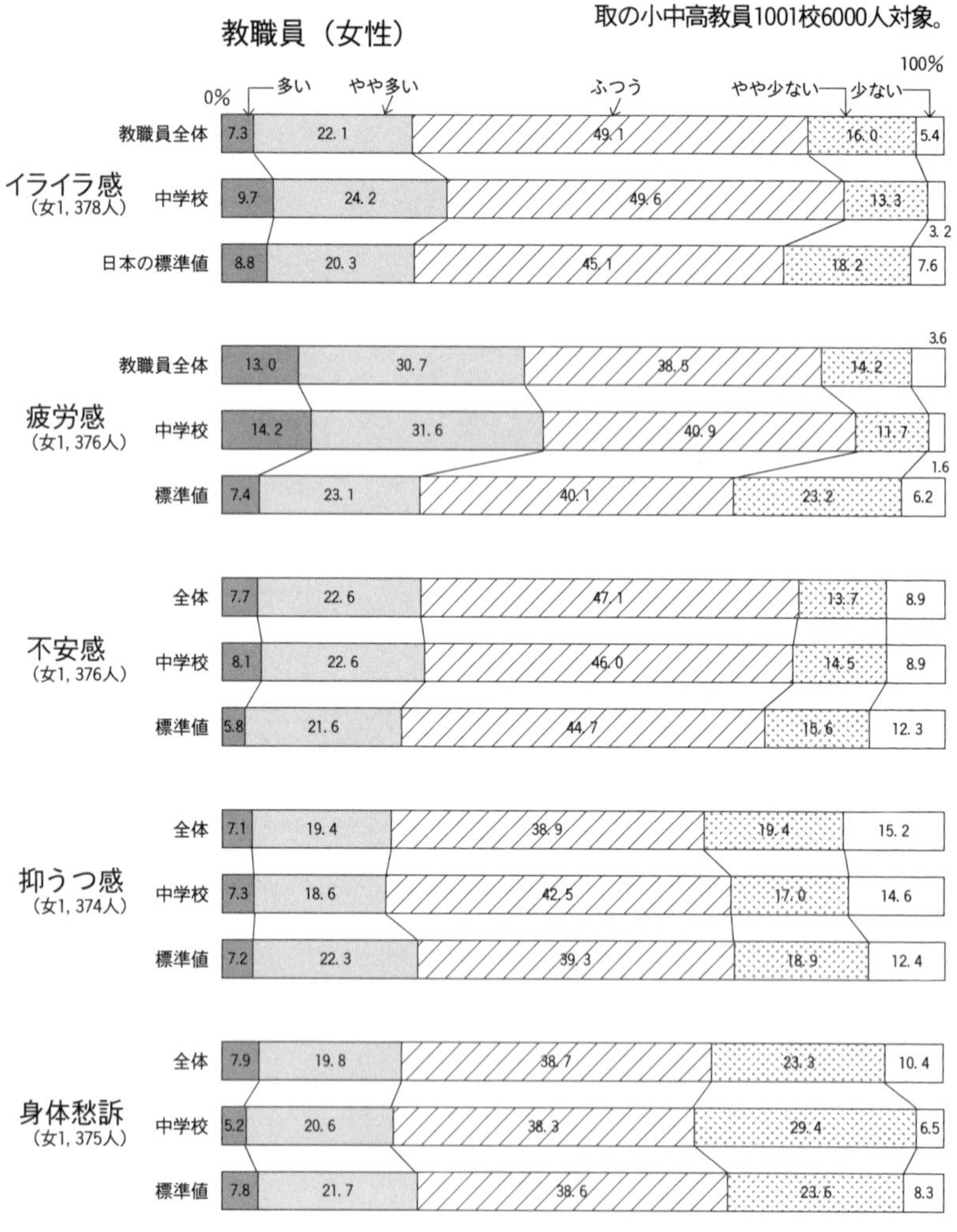

教職員に強いストレス反応

教職員（男性）

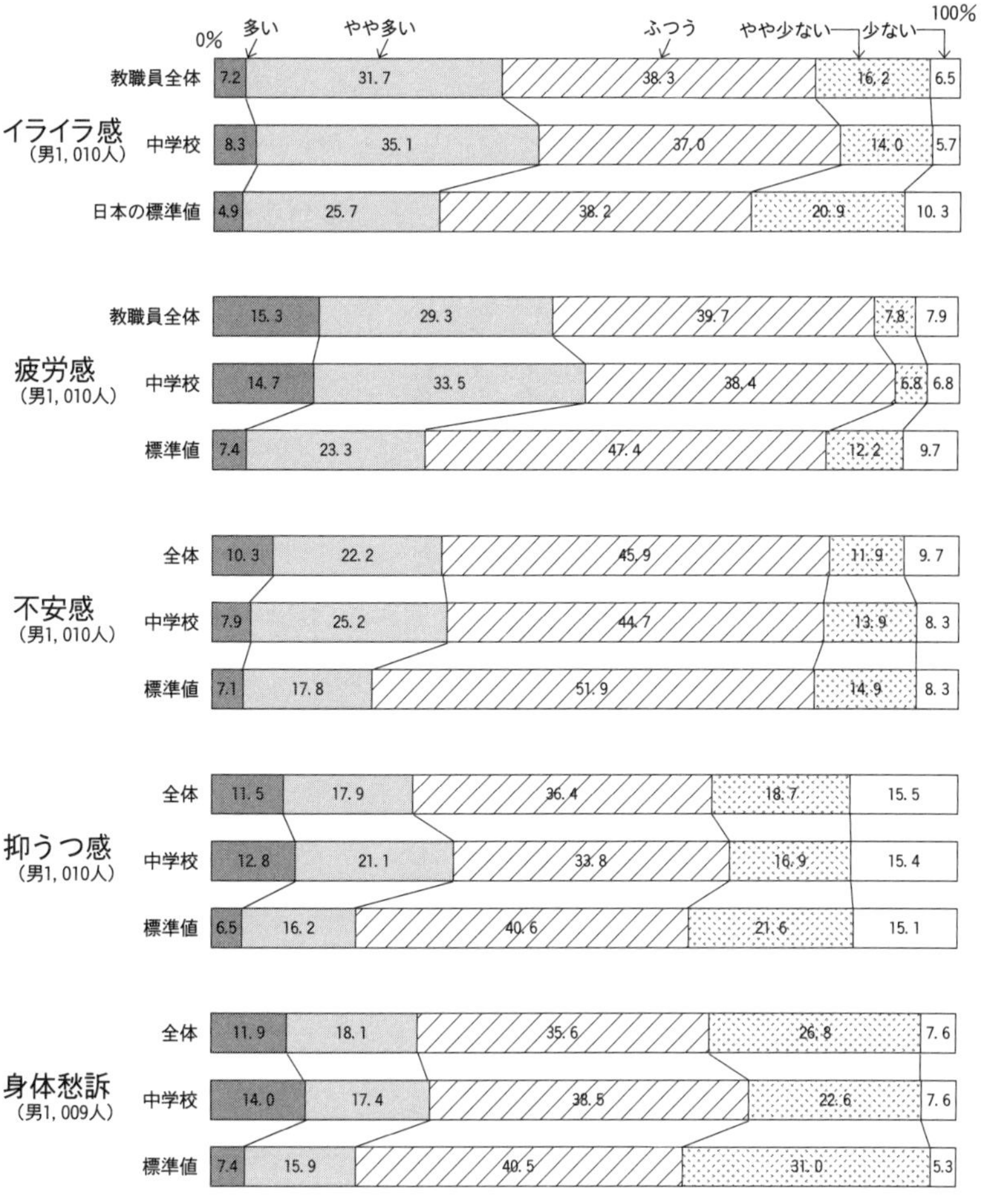

◆イライラ感、疲労感、不安感、抑うつ感、身体愁訴を訴える教職員の比率はいずれも日本の標準値を上回っている（例外は女性の抑うつ感、身体愁訴のみ）。中でも中学校教員の比率は教職員全体の平均よりさらに高い。

の先生方の中にはそれに近い形でにっちもさっちもいかなくなっている方は少なからずいると思いますし、ひょっとしたらそういう方が何か手がかりを求めてこの本を手にされるかもしれません。杉田さんに近い形で苦しみに直面したようなときにはどうしたらいいのか、何かメッセージをいただきたいのですが。

杉田　逃げなければならないときは逃げた方がいいということですね。それと、あまり無理をして背負わないこと。無理して続けることが子どもにとっても教師にとってもお互い不幸になることが多いので。そして壊れそうになったときは、しばし休戦という形にして、自分を見つめ直す時間を持つこと。やり直すことはいくらでもできるのですから。

折出　さらにそのことと関連して、いま教育の現場では、精神的疾患で休職に追い込まれたり、退職せざるを得なくなっている方たちが全国的に非常に多くなっています。そのことは前ページの資料からもうかがえます。そうした方々も含め、教師が自分の心身の健康を保ちながら仕事を続けていくためにはどんなことが必要なのか？　というより、杉田さんご自身は心身の健康のためにどんなことを心がけておいでですか？

杉田　自分でいられる時間をつくることだと思います。それは趣味でも何でもいいんですが、自分がホッとして、自分自身でいられる時間、私の場合は一人で飲みに行く。一人で静かに飲んで、そこで出会った全然知らない人と話をする。

それともう一つは、私は本が好きなので、読書をする。この時期、読んでいたのは鷺沢萠の小説でした。彼女は自殺して亡くなってしまったわけですが、書いている小説も暗いものが多い。その暗い小説を読むことで、私自身はホッとできる。自分の暗い気持ちがそこで許されるというか。で、その暗い気持ちに肯定感を持ちながら、しかし職場に行けば明るくできる。あの頃は、失踪して職場に戻った後もずっと彼女の小説を読んでいましたね。結局、自分自身の暗い気持ち、否定的な感情（暗くなってもいいんだよ、という）を肯定的にとらえられたときに復帰できたんだなと、そのとき思いました。

❇合唱コンクールでの子どもたちのがんばり

折出　「失踪」という大事件を経て、夏休みは平穏に流れ、二学期に入るわけですが、この頃になると、子どもたちの荒れも一学期とはだいぶ様相が変わってきたなという印象を受けます。この時期から卒業にいたるまで、杉田さんとしてはどういった課題意識で子どもたちと関わっていこうとされたのでしょう？

杉田　二学期になると、精神的な面でも、生徒たちの問題行動という点でもだいぶ楽になってきました。それはなぜかというと、一つは学年職員の集団が集団としてできていく。最初はバラバラの学年から来た寄せ集めで、はじめて出会った人がほとんどでしたから、それがきつかった。

そのためいろんなトラブルがあったり、私が逃げるなどということがあったりしたのですが、しかしそうしたことを経ながら、教員同士お互いの人間性もわかり、どうすればいいのかということもわかり、要するに関係性ができていったんです。

例えば、副主任の小室先生などが、私が失踪したことを受けて、「私は飲み会を早めに失礼したので、少しも知らなかった。とんでもないことだった」ということで、積極的に協力をしてくれる。私もまたその小室先生を頼りにする。高木先生との付き合いも、以前からそんなに悪くはなかったのですが、より「こういうふうにしていけばいい」ということで、お互いの交流が密になる。さらに教員にはそれぞれ個性があるわけで、その個性をどんなふうに輝かせていくのかという構想もできていく。

それと、新学期スタートの四月、五月というのは子どもたちにとっても〝お試し期間〟なんですよ。教師集団に対しての。その〝お試し期間〟の中で荒れ狂うわけです。その荒れ狂うのを、僕らが受け止め対応していくわけですが、その対応の中で生徒は教師のことをわかり、私たちも彼らがどういう願いを持っているか知る中で、お互いのカベが取り払われていく。

九月に入ると、タバコ場閉鎖というのをやりますが、それはもう彼らとの信頼関係がつくれているから「言えるな！」という判断でしたね。ただはじめはやはり不安があったので、「大丈夫かな？」と言ったら、「大丈夫」だと言う。そこらあたりから展開が非常に楽になりました。

構想としては、ある程度彼らとの信頼関係ができていけば、他の一般の生徒たちは非常にいいものを持っている子たちが多いんで、何に取り組むにしても見通しは立つ。合唱コンクールなども、学校として「三年生ががんばる合唱コン」という伝統ができていたので、みんなものすごくがんばってむずかしい曲を完成させていった。

おもしろいことに、その合唱コンで翔とか祐一、それに荒れた女の子たちが指揮者をやりたがるんです。目立ちたがり屋で、しかも音楽が好きなんです。それに対して音楽科の先生がとても偉くて、夏休み、その彼らといろいろ対話をしながら、「服装はちゃんとしなければダメ！」「頭髪もきちんとしなければダメ！」などと言いながら、指揮をていねいに教えてくれるんです。クラスの子どもたちの「あの子たちをたてなきゃしようがないな」というのも大きいんですが、とにかくそういう中で、行事などは成功していく。

一、二年と二年間、この学年を担任してきた高木先生は、「彼らは言えばちゃんとやる。こちらが要求を出せば大丈夫だ」ということはずっと言い続けてきていたのですが、本当にその通りで、修学旅行も要求通りできたし、服装も、合唱コンではきちんと言えば大丈夫だろうと思っていたのですが、実際にそれができた。

従って、二学期以降、行事では何とかなるだろう、合唱コンでは最低「檜舞台に立って三年生の素晴らしい姿を見せるところまではやりたいな」と思っていた、そのことは出来た、ということです。

折出　そこは記録を読んでも、杉田さんの実践の本領が発揮されているところだと思いました。集団の教育力を引き出しておられるなあと。

杉田　合唱コンではみんなすごくがんばったし、松山先生が倒れた後、新採用の磯崎先生という方に敦のクラスを持ってもらったんですが、そのクラスが合唱コンで優勝するんですよ。そして磯崎先生は生徒に胴上げされるんです。

折出　一学期の荒れた現実からすると、大変な変化ですね。それはそうと、僕はこれまで高木さんについてはかなり力でねじ伏せるというか、力で押し切るタイプのように思っていましたが、必ずしもそうではない、生徒に対してはきちんと筋を通していくという方なんですね。

杉田　そうです。そして、彼がいちばん大変な子を集めている。だから最後まで彼のクラスがいちばん大変でした。しかしそこは自分が責任を持つ、むずかしい子は自分が引き受けるんだ、と言っていました。高木先生は、実は、私の教え子なんです。子どものときもいいリーダーであったということから、私自身の中では信頼感はあるわけです。

✻子どもたちとの出会いが私を変えた

折出　ここまでお話をうかがって、杉田さんの中に一貫してあるのは、保護者との関わりの中でもハッキリ言っておられましたが、決してどんな荒れた生徒でも見捨てない、「この子に良くなってほしい」という願いなんだということを痛切に感じたのですが、そういう子ども観というのは、どこで培われたものなんでしょう？　ズバリ杉田さんの子ども観の基本にあるものは何なんですか？

杉田　私はもともと〝デモシカ教師〟で、「教師にでもなるしかない」ということでなった者です。ですからはじめは、教師であればある程度時間に余裕があるだろう、その中で自分の好きな勉強をしたいと思っていた。しかし一年目、子どもたちと出会っていく中で、教師の仕事に夢中になっていくことになる。それはどうしてかというと、一つはサークルとの出会いでした。この出会いは大きくて、子どもたちを動かすというと言葉は悪いですが、自分自身そこで学びながら、子どもたちといっしょに楽しんでいくことができるようになっていった、というのが一つ。

もう一つは、さまざまな子どもたちとの出会いです。一年目に持った学級はとてもいいクラスで、一人の女の子が一学期で転校するとき、その子のために歌を作り、クラス全員でその歌を歌いながら彼女の家まで送っていくという、まるでドラマのようなクラスでした。

ところが、そこに一人、とてつもなく問題を持った転入生が入ってきた。その子への対応で、私自身まだ若かったということもあって、暴力的威圧的に関わってしまった。そのとき、暴力がいかにいけないものかということを身をもって教えられたんです。実際、その子に面と向かって言われました。「殴ったところで、オレは変わらないんだ」と。

それで二年目、学級通信のタイトルを「ニコニコ通信」と決めて、一年間怒らないでニコニコして過ごすと決めて、それがうまくいってとてもいいクラスになり、私自身としては非常にうれしかった。

三年目は、その「問題を持った転入生」の対策で、リーダー的な生徒をそのクラスにかなり投入したため、信じられないことですが、私のクラスには運動部に入っている男子が一人しかいないということが起こった。その結果、クラスとしても決してうまくいったとはいえず、私は翌年のクラスにかけます。もしこれでうまくいかないなら、教員をやめようと決意しました。

嬉しいことにサークルのベテランが私に張り付いて、毎日どうすればよいか指導してくれました。おかげで、クラスとしては、自分たちのことはすべてといってよいほど自分たちでできるようになっていく。ところが、思いがけない事件が起こったんです。

教室の側面が両方とも窓という構造になっていたのですが、休み時間に、何者かがカッターナイフを投げ、女子生徒の頭に突き刺さった。私は、クラスに問いかけました。そして誰もやっていないという確信を持ちました。なぜなら、そのクラスでは、起きたことはすべて正直に名乗り出ることができていたからです。

次がクラブの時間だったこともあり、その移動のために教室の外にも他学年も含めて多くの生徒たちがいたことから、私は窓の外から投げられたと思いました。ところが先生方は私のクラスの生徒を疑った。私自身が生意気だったこともあって、私は先輩の先生からいじめられていたんです。それどころか、私のクラスの生徒もいじめられていた。「杉田に持たれた生徒はみんな不良になる」などと、直接、私のクラスで言う先生までいたのです。

私は、給食のときに、「みんなを信じている。これ以上私のクラスのみんなが疑われるのは耐えられない」と生徒に言うと、学校から逃げてしまいました。何だか今回のケースと似ていて恥ずかしいんですが、生徒は、私のいない中で学級総会を開き、全員で職員室に抗議に行ったとのことでした。このときも私は生徒に救われたんです。

❇どの子もまっとうに生きていきたいと願っている

杉田　四年目には不本意ながら転勤し、今回の記録よりもっと校内暴力がひどい中学校に行きました。ところが、私が持ったクラスにシンナーを吸っている子が七人もいた。

修学旅行で好きなもの同士組んだら、一班全員シンナーを吸っている。そういうクラスで、夜中の二時、三時まで彼らの問題で駆けずりまわったり、教室で首を絞められて殺されそうになったりもしましたが、いろいろやりとりする中で、彼らは荒れてはいるけれど、やっぱりまっすぐ生きていきたいと思っているんだ、というのがつかめるんですよ。で、その子たちとの交流が深くなっていく中で、彼らとの信頼関係もできて、最終的に学校の荒れも校内暴力もなくなっていくんです。

そういう中で、誰しもまっとうに生きていきたいんだ、好きで悪くなる子はいない、ということが実感として感じられたんです。でも荒れ狂っている子どもたちだから、我々からすれば怖い。私もやせている人間だから、彼らと暴力で対峙すれば絶対に負ける。実際に組み敷かれたこともありますし。

しかし、どんな子でも荒れるには理由がある。その理由をいっしょに読み解いていきながら、前に進んで行くようにすれば、彼らは必ず自分を伸ばしていく道に進んでいくんだという確信を持ちました。だからどんな荒れ狂っている子と会っても、それはその子の仮の姿なんだ、大人に対する不信感を丸ごと教師にぶつけてきたり、刃向かってきたり、ときに教師を傷つけることもあるかもしれないけれど、必ずその子の中にまっすぐ伸びていきたいというものがあるんだと、そういう確信を持って進むことが出来るようになったということです。

❇荒れ狂っていた子が見せてくれた見違える姿

折出　しかし、子どもが「荒れる」には必ずワケがあるとの思いを持ち続けるということは並大抵のことでないですよね。あまりの大変さに途中で揺らいでしまったり、萎えてしまったり、そういう教師が多いと思うんですが、杉田さんがそれを持ち続けてこられたのは何なんでしょう?

杉田　かつて私が担任したクラスに真佐子という生徒がいました。この子は、幼少期から皆に「女王様」と言われていた子で、自分のことは自分でやらない、いっさい人にやらせるというのが幼稚園時代からの彼女の行動でした。従って友だち関係はすべて威圧。気にいらないことがあると暴力的になりました。ひどいときは、私に対して刃物を投げてきたり突きつけてきたり、もう本当にメチャクチャ。三年間担任したのですが、最後の最後、高校入試直前になると「忙しくしてやる!」と宣言して、私服での登校を繰り返します。

彼女を配慮して、彼女が考えたスローガンをクラスに掲げておいたのですが、それも自ら破ってしまう。どうしても高校には入りたいというので、何とかお願いして、私立高校に「特別面接」をしてもらい、その結果で入学できることになった。

その面接当日は服装もきちんとしてうまくやったんで、よかったと思い、帰りに親の誘いで喫茶店でホッとしたとき、「これで君の進路のメドはたったから、明日からはみんなのために私の時間を使わせてほしい。ついては今日のようなきちんとした格好で来てほしい」と言ったとたん、「ふざけんな!」と大声を出して出て行ってしまった。卒業式の日まで放送室を占拠して勝手な放送を流すなど荒れ狂っていた子です。

その実践をあるとき、教師志望の大学生たちに話したことがあるんですが、聞いていた大学生たちが最後に、「そんな子に一生懸命かかわって、未来への可能性があるんですか」という質問をぶつけてきた。その問いかけを受けたときに一瞬、「う〜ん」と考えて、でも「意味はあるんだ」と私は切り返したんです。

その後、彼女は高校に行ったんですが、やっぱり持たなくて中途退学してしまいました。その後は中退仲間と遊んでシンナーを吸う生活。ところがあるとき、シンナーで酔っぱらって、仲間のトレーナーに火をつけてしまい、大火傷を負わせて病院に担ぎ込まれるという大変な事故を引き起こしてしまった。それは彼女にとって大変なショックで、私に電話をかけてきて、「私はとんでもないことをしてしまった」と。

そんなことがきっかけで立ち直り始め、通信制の高校に行くんですね。「昼間の高校が持たないのに、通信制が持つはずないだろ」と言ったら、「ママがいっしょに勉強してくれるもん」と言う。お母さんは美容師をやっている人だったのですが、高校は出ていなかった。で、母子でがんばって二〇歳で卒業にこぎつけ、その後、結婚した。

その報告で年賀状をもらったので、翌年こちらから年賀状を出したら、返事が返ってこなかった。人との関係が非常にむずかしい子でしたから、てっきり別れたんだろうと思っていました。

その真佐子にこの間、会ったんです。もう二七歳なんですが、結婚は続いていて、子どももいる。しかも信じられないことに相手のお母さんと同居しているという。そしてうまくやっているというんです。びっくりしました。友だちとの会話を聞いていても、当時とは全然違うんです。こんなにも人は変わるのだなと思いました。

そのとき、ああ、どんな子にも可能性はあるんだなというのと、あのとき大変だったけれど、あれだけのことをやっておいて本当に良かったと思いました。ですから、子どもに対する思いが萎えずにこられたというのは、過去に持った子どもたちがそうやって変わり、自分の人生を生きている姿を見せてくれる、その姿によって私は確信を持ち続けられたんだな、と思います。

❇言葉の刃をまともに受けてはダメ！

折出　非常に深いお話を聞かせていただいたんですが、しかし日常的には今の子どもたちは非常にきつい、気持ちを逆なでするような言葉を平気で教師にぶつけてきますよね。「死ね！」「ばばあ」「うぜい！」などと。

杉田　私の場合は「死ね！　ハゲ！　うざい！」ですよ。でもこの前、サークルの研究会で京都の藤木先生という方がとてもいいことを言っていました。「子どもが教師を傷つける、教師は傷つけられる。でもそれ以上に子どもは傷ついているんだ。そういうふうに受け止めない限り、教師は傷ついてしまうよ」と。

私の場合「ハゲ！　死ね！　うざい！」の次は「スギター！」という呼び捨てです。呼び捨てにされたとき、何か合理化しないと私が傷ついてしまう。それで何をやったかというと、私の場合、敬語の授業をやりました。敬語というのは、人との距離を測る言葉ですよね。「スギタ！」と敬称抜きに呼ぶことは私との距離がないということです。つまり私を愛している。本当に愛しているかどうかは別として「そういうものなんだぞ！」と。

学年主任の一年間、クラスを持たない私を、前年、「スギタ！　ハゲ！　死ね！　うざい！」と叫び続けた大変な女子たちが、支え続けてくれました。結果的には、私がした敬語の授業のとおり、私を好いてくれていたのでした。

一年後、もう一度前の学年に帰してもらう約束がかなわず、転勤になったとき、彼女たちはその新しい学校まで私を訪ねて来てしまうんですよ。

折出　それにしても「ハゲ！　死ね！」はきつい。そう言われた瞬間、杉田さんはどう切り返すんですか？

杉田　「ハゲ！」と言われたら「ハゲにハゲと言ったってしょうがないだろう。確かにハゲてるよ」。「死ね？　悪いけど、きみたちに言われたって死ねないんだなあ、ごめんネ」「うぜえ」は、「うざいんだよ、きみたちのことを思えば思うほどうざくなって悪いね。オレがうざくなったら、きみたち終わりよ」

折出　そういうふうに切り返せる力はやはりキャリアのなせるわざですね。

杉田　でも瞬間はコントロールできずに黙るんですよ。黙るからそこをやり返すために敬語の授業をやる。「かわす」というか、「おちゃらかす」というか、子どもたちが牙をむいて向かってくるときは、そこをスッと交わすような対応をしないと、本当にこちらが傷ついてしまう。私が所属している全国生活指導研究協議会（略称・全生研）の仲間たちなどは、それをけっこう上手にやっていますね。私はそこから学んでいるんですが。

折出　大学で、学生たちを見ていると、いま学生同士でさえコミュニケーションが薄いのに、これから教師になって現場に出てどうなるんだろう。同僚や先輩とも十分コミュニケーションがとれないまま、子どもと正面からぶつかったとき、その言葉のナイフをまともに受けてしまうのではないか、比較的まじめなタイプの学生が教師になっていくことが多いだけに、カチンときて、挑発に乗ってしまうのではないかと心配ですが……。

杉田　子どもと同じ土俵に立ってはダメですね。僕らはそこと違うところに立つ、指導者なんだから。そばに立っているのかもしれないけれど、子どもとは違うところにいなければならない。それと、子どもの言葉を額面通り受け取るのはまずいということを知っておかないといけないですね。

❇「暴れ」は助けを求めるサインだった

折出　それと同じような話は、僕も教育困難校と言われているある高校の先生から聞いたことがあります。その荒れている生徒はタバコの問題などもあって、あの手この手で声かけしても廊下に出ていて、「うるせえ」「てめえ」とか言うばかりで対話にならない。しかしそれを繰り返しているうちに、最初は記号のようにしか聞こえなかった「うるせえ」という言葉が、「ああ、これはこの子なりの挨拶なんだ」と思えるようになった。

そう思うようになってから、その子との向き合い方が少し楽になったとおっしゃっていましたが、そこへ行き着くまではもちろん簡単なことではないと思いますが、しかしもう一方に、その子がなぜそう言わざるを得ないのか、という回路を持っていれば、教師の側に少しは余裕が生まれますよね。回路が一つしかないと、今おっしゃったように、同じ土俵に立ってしまう。向き合って「何だ、このやろう」、あるいはいかにそういう言い方を封じるか、または押さえつける、そうなったらもう相手との関係はきびしいですね。

杉田　また真佐子の話になりますが、真佐子は僕と養護教諭にしょっちゅう向かってきて暴れるんですよ。クラスでも何人か特定の子どもたちに向かって暴れる。で、そのターゲットになる子どもたちが被害者の会みたいな形で放課後、話し合いを持たせてくれと言ってきて、話し合いをしたことがあるんです。

で、何で私たちに向かって暴れなきゃいけないのかという議論になったとき、ある生徒はこう言いました。「私たちにむかついているのかな」と。私は「違うと思う」と言いつつ、ツッパリの男の子に振ったんです。そしたら彼はこう言ったんです。「もしかしたら信頼しているのかもしれない」と。私は、「教職員で暴れられるのは誰?」と聞きました。私と養護教諭の二人なんです。男の子の発言が受け入れられました。

信頼しているから暴れてくる。受け止めてもらえると思っているんです。ナイフを突きつけてくるのも「私を何とかして!」というメッセージで、そのメッセージをいちばん信頼している大人に向かって投げかけているということではないか。

全生研の元代表で、教育学者の竹内常一先生が、「教師は、彼女らの内的対象関係の混乱のなかにまきこまれることがある。ときには彼女らのおとなにたいする憎しみや怒りをぶつけられることもある。また、教師はしばしば彼女らの親や恋人にならなければならないような象徴的次元に立たされることもあるだろう。そうした過程をくぐりぬけていくことをつうじて、はじめて彼女らのなかに支持的な他者として根づくことができるのである」(『一〇代との対話・学校ってなあに』青木書店刊)と書いていますが、それを読んで私なりに納得しました。ああ、そうなんだな、僕が大人の代表でもあり、しかも味方になってほしい人だという意味から暴れるんだ、信頼しているから暴れるんだと。それまでは何で僕だけ暴れられるんだとつらかったですから。

※挫折と「失踪」から「創造」へ

折出　ありがとうございました。文章では触れられていない点も含めて杉田さんに実践の詳細をたっぷり聞かせていただき、感動を覚えました。

まず、杉田さんのヒューマニティというか、子どもたち一人ひとりの生活の現実と向き合い、彼や彼女と共にそれを読み解くために対話していく姿勢に共感します。いま中学校の実践の困難さが言われますが、やはり原点はここにあるのだなと思います。

この意味では、杉田さんは、「デモシカ教師」を見事に組み替えていますね。「どんな生徒とでも語り合い、その生徒にとって今しか出会えない他者として先生自身が生きてみようとする」、そういう「デモ・シカ」ですよ。

次に、僕が深く感銘を受けるのは、その杉田さんですら、自分のことをわかってくれる共感的な他者を見失ったときに、「失踪」してしまうという教育実践における同僚関係の意味、教師の共同の重みですね。話の中で「逃げなければならないときは逃げた方がいい」と言われました。とても含蓄のある言葉です。僕は次のように受け止めます。

それは、ただ現実を避けて、まさに敗走する、という意味ではけっしてなくて、自分の立ち場所、自分にとっていま必要な他者、そして自分がどのような価値を支えに生きているかをもう一度見つめ直す、再発見するための時間と空間を得ることだと思います。それは苦しいけれど、重要な転機なのですね、教師にとって――。

「先生辞めないで」「早く戻ってきてよ」という生徒たちのメッセージこそ、杉田さんにとっていま「何のために自分を立ち直らせるか」をストレートに伝えた言葉でした。ですから、それ以後の実践は、いろいろと暴力的トラブルはあるが、生徒の内側を読み解きながら働きかけ、あの合唱コンクールのように創造的な世界が生まれていきます。

挫折と「失踪」から「創造」へ。ここに、杉田さんの力量、生き方、常に困難を抱える生徒の側に立って課題を見つめる実践の立場性が現われています。

若手もベテランも、いまとても苦しい思いをしながら教師を続けています。それほどに、教育の現場は教師の自主性や共同性が守られにくい孤立化の状況が広がっているといえます。杉田さんの実践世界は、そうした全国の方々に勇気と励ましを与えます。

教育に未来はあること、つまり「教えるとはともに希望を語ること、学ぶとは誠実を胸にきざむこと」（ルイ・アラゴン）――こういう哲学が深く流れている本書になりました。

ありがとうございます。

コラム
》1《

問題を抱えた生徒と関わるとき、押さえておきたいこと

①その生徒がなぜ荒れるのか、背景をつかもうとすること

人は、好きで悪くはなりません。必ず荒れる理由があります。その背景が、たとえ分からなくてもいいのです。つかもうとさえすれば、その生徒を丸ごと否定することがなくなるからです。共感的に見ようとすることができるからです。

たとえば、かつて私が持った生徒に、勉強もとてもできたし、リーダーシップもとれるのに、大万引き事件に副リーダー役でかかわったMという生徒がいました。教員たちはみなびっくりです。なぜなのか、と。事件があった場合、家庭訪問して話すのを原則にしていたのですが、家に来られては困るとおっしゃられ、学校に来ていただくことになりました。

母親は来られたとたんに、泣き出されました。父親が酒癖が悪く、酒を飲んでは暴れること、ささいなこと、たとえば夕食の魚が息子のより自分のが少し小さいだけで、テーブルをひっくりかえしてしまうのだということなどを語られました。そして暴れたときは、いつもMが止めるしかないのだそうです。

Mは、家の中でそんなつらい生活をしていたのです。そんな状況に置かれれば、だれでもイライラしたり、ストレスいっぱいになったりします。大人なんか信用できないと反抗もしたくなります。母親の話を聞いて、私たちもはじめて共感できたのでした。もちろん共感したからといって、やったことを許せるわけではありませんけれども。

②彼らの話に耳を傾ける

第Ⅰ部に登場した生徒たちは、「男子に厳しく女子に甘い」という不満を強く持っていました。これが教師への反発になっていました。反発があるということは必ず、こちらにも悪いところがあるのです。そこはよく聞いて公平に扱うことで彼らの私たちへの態度が変わってきます。

彼らと対話するとおもしろい発見があります。たとえば、敦が他校に行って他校の先生に迷惑をかけているとき、私たちが引き取りに行くと、「先生たちってさ、変だよ。人に名前を聞くときって、自分はこういう者だけれど、あなたは誰なのかって言うのが当たり前なのに、絶対自分は名乗らずに、おまえはどこの誰だって聞くんだもんね」と不満をもらしていました。

教員というのは、確かにそういうところがあるなと思い、新鮮な発見をさせられました。彼の言っていることは正しいです。悪いことをすることがあるので、彼らは言い分を聞いてもらえずに叱られるということが多いのです。言い分はしっかり聞くことが大切です。

③ダメなことはダメときちんと要求し、分からないようなら理由もきちんと説明する

彼らは一方的であることに対しては、ものすごく反発します。説明は必要です。特に自分のことを思って要求しているのか、学校の体面を保つとか、教師の体面を保つために要求しているのかに敏感です。「君のためを思うからなのだ」ということが分かるように要求することが大切です。

④彼らのプライドを傷つけないように叱る

何かあったからといって、みんなの前でやり取りをするのは避けたほうがいいでしょう。みんなの手前ということがあります。みんなの前で自分がつぶされるのは、誰だって耐えられません。場所を変えて一対一で話すとかすべきでしょう。

⑤教師自身が多様な価値観を持つこと

とかく教師は、勉強ができるとか、学校や教師の言うことをよく聞くとか、いわゆる学校

的価値観にとらわれがちなものです。そうした枠で見ると、問題を抱える生徒は、いいところなどまるでないと感じられてしまいます。しかし、教師への反抗も、見方を変えれば、学校や教師のあり方に対する異議申し立てととることもできます。新しい学校のあり方を提起しようとしているのかもしれないのです。このように教師自身が学校的価値観にとらわれることなく、多様な価値観を持ち、広い視野で見ていく必要があります。

たとえば、敦は、よく教師に反抗しましたが、彼が一番反抗したのは、彼より弱い立場の生徒への教師の指導が納得いかなかったときでした。彼はその生徒を必死で守ろうとしたのです。それは人の役に立ちたいという彼の良さの表れでもありました。

そうとらえた私たちは、私たちが困ったときにも彼を頼りにしてみました。すると、彼はすぐに一生懸命動いて私たちの要請に応えてくれました。一見否定面に見えることも、見方を変えれば、このように肯定面として引き出すことができるのです。

またたとえば、私が今年持っている生徒は、すぐに暴力を振るって、まわりからもどうしようもない生徒と見られていました。しかし、暗い生徒がいると、誰よりも敏感に感じて、私にすぐに教えてくれる生徒でもあります。私はすぐにその事実をみんなに知らせます。そうすると、まわりも彼を別の面から肯定的にとらえることができるようになるのです。誰にでも必ず光るものがあります。

⑥「君たちのことを思っている」ということを伝える

教師が取り組んでいることが、学校や教師の体面を保つためであるということが分かると、彼らは反発し荒れます。私は若いときに大きな失敗をしたことがありました。校内暴力状態の学校に勤務していて、彼らの荒れを何とかしたいと思っていました。しかし、それは彼らのことを思ってというより、自分が救われたかったからでした。そういうことを、彼らは敏感に感じます。

班長会で、問題を抱えた生徒のことを話したところ、部分的に話を切り取られて、当該生徒にとって不都合な発言として伝えられてしまいました。その生徒との関係を修復するのに時間がかかってしまったことはいうまでもありません。

その失敗から以後は、「その生徒はいい生徒なのだ。その生徒のことが心配なのだ。まっすぐに育っていってほしいのだ」という前提で必ず話すようにしました。それからは、どこで話したことでも相手に悪く伝わるということがなくなりました。

まとめて言えば、「**人間として尊重する態度で接する**」ということです。尊重されていると感じれば、やたらに反発などはしなくなるはずです。

コラム》2《

保護者と接するときの心構え

かつて「ひどい！　あんな人は親ではない」と職員室で語られる父親がいました。息子が暴力事件を起こしたときに呼び出され、職員室に背広姿でアタッシェケースを持って現れ、息子を殴る蹴るしたうえで、「こいつが悪いんです。警察へでもどこへでも出してください」と大声で言って帰って行った父親です。

その息子Sをなぜか翌年、私が持つことになりました。クラスにはもう一人、学校に全然来ていないAという生徒がいました。来ると問題を起こすので、来ないほうがいいと、職員室で言われていた男子の怠学生徒でした。私は何とかAを登校できるようにしようと、初日にクラスに訴えました。それに応えてくれたのがSです。彼は見事にAを学校に連れて来てくれました。

ところが、そんな良さを発揮しつつも、暴力事件を起こしてしまいました。息子を殴る蹴るしたあの職員室での光景が思い起こされ、不安でしたが、親にも謝罪してもらおうと家庭訪問しました。まずはAへの働きかけの素晴らしさを本人から具体的に聞いていたので、そのことを話し、ほめました。

するとお父さん自ら、「いろいろ問題を起こして迷惑をかけますがよろしく」と言ってくれました。そこで、実はと、暴力事件のことを話しました。すると、謝りに行ってくれるといいうではありませんか。

付き合いを重ねていくうちに、Sの小さいときからのアルバムを見せていただく機会がありました。丁寧なコメントつきのアルバムでした。お父さんの息子への愛情がひしひしと伝わってきました。昨年のことを聞くと、呼び出されるのが嫌だったと言っていました。

この事例からは二つのポイントが読み取れると思います。

①親との出会いは子どもをほめることから始める

私は原則として、親との面談でも、子どもの悪いところは言いません。悪いところを指摘して直るならいくらでも言います。しかし、そんなに簡単に人は変わりません。むしろよいところを伸ばしていくことで人は変わっていくものです。まして親は子どものことを大切に思っています。親との関係も十分できていないのに、いきなり否定面を言われて嬉しく思うはずがありません。

②親のプライドを傷つけない

学校に呼び出された親の気持ちが分かりますか。私も自分の息子のことで呼び出されたことがありましたが、嫌なものでした。問題を持った生徒の親の場合、親自身もかつて問題を抱えた生徒であった場合がしばしばあります。職員室に代表される「学校」はそういう人にとって敷居が高いのです。

とはいっても、最近は難しい親が増えてきました。第Ⅰ部で登場した池田さんはその典型でした。池田さんのことは折出先生との対談で詳しく述べていますので、ここでは繰り返しませんが、その基本は「この子を何とかしたいんだ」という思いでした。

時間もエネルギーも使いますが、キーポイントになるのは、親に「子どもを大切に思っている」という熱い思いを伝えることだと思います。

あとがき

卒業後、予想通り、武志と祐一はすぐに退学させられてしまった。そして次の進路先を真剣に探している。敦は、きちんと仕事をやっており、時どき池田さんのお宅に来るとき、私と池田さんに対して気をつかっておいしいお酒を買ってきてくれる。翔も、学校と仕事ともに続いている。達也も、仕事場がいっしょの健人も、もちろん仕事を続けている。一輝もまだ技術校をやめていない。少なくとも中学校の勉強よりはおもしろいと言っていた。

私はというと、もう一度もとの学年を持たせていただいて転勤するつもりだったが、クラス数の減という壁が立ちはだかってしまった。池田さんをはじめ、元の学年の生徒たちや親も、委員会にかけあったり、校長室に何度も行って訴えたりして、私を転勤させないようがんばってくれたが、結局、転勤せざるを得なかった。私を支えてくれた生徒たちへの恩返しができないのが、返す返すも残念だった。

思えば大変な一年間であった。しかし、いろいろな人の支えによって、まだ私は教員という仕事ができている。人のありがたさ・温かさを感じ続けた一年間だった。

読者の皆さんは、最後の卒業式の場面に物足りなさを感じたのではないかと思う。私自身は感動していないのかという問いも発したいのではないか。しかし、修学旅行前の生徒間暴力の際、被害者の親に言われた言葉が忘れられないものとして私に残っていた。その方は、こうおっしゃったのだ。

「よく卒業式になると、ツッパリ生徒たちと先生方がお互いに感動し合っている場面を見ます。でも、私はそんな場面を見たくありません。この学年に入って、うちの子は、そういった連中からずいぶんいじめられてきたんですよ。私は、だからあの子たちを許すことができません。先生、お願いだから、私の子どものような存在があることも忘れないでください。決して手放しで感動しないでください」

私は、「わかりました。お母さんのその言葉を胸に刻みつけておきます」と答えた。だから、卒業式の日は、私は、この言葉をかみ締めるようにして過ごしていた。物足りなさはそこから来ているのだということを理解してほしいと思う。

この本は、たまたま私の話を聞いてくださった高文研の金子さんが、「ぜひ本にしよう。杉田さんの話は、現場で苦しんでいたり、悩んでいたりする教師にとって、大きな励みになるから」とおっしゃってくださり、できあがった。

現場は、教育基本法の改悪の先取りをしている東京都の例を見ても分かるように、教師も子どもたちもますます生きづらくなっていこうとしている。そして、「ゼロ・トレランス」の動きが入ろうとしている。子どもたちの立場に立とうとすればするほど、〝浮く教師〟にならざるをえない状況が広がっていくに違いない。

しかし、揺らぐことなく子どもたちの立場に立てば、子どもたちや親たちが支えてくれる。それを私の一年間が証明してくれている。現場で苦しんで、辞めようと思っている教師ほど、実は求められているのだということを肝に銘じて、しなやかに生き延びてほしい。

また、夢かなって現場に立ったものの、夢と現実とのギャップに立ち往生している若い教師たちにも、誰のための教員なのかを考えて、勇気をもって実践していってほしいと思う。

最後に、こういう機会を与えてくださった高文研と金子さとみさん、それから多忙の中にもかかわらず、対談に応じてくださった愛知教育大学の折出健二先生にこの場を借りて感謝の意を記したい。

二〇〇六年一二月

杉田　雄二

杉田　雄二（すぎた・ゆうじ）

1954年生まれ。1977年より首都近郊の県の公立中学校教員となる。初年目より全国生活指導研究協議会の会員となって現在に至る。

折出　健二（おりで・けんじ）

1948年生まれ。広島大学大学院教育学研究科修了、愛知教育大学教授。生活指導学・教育臨床学専攻。2007年４月～08年３月、国立大学法人同大学理事・副学長。全国生活指導研究協議会常任委員会代表、あいち県民教育研究所長、民主教育研究所評議員。主な著書『変革期の教育と弁証法』『市民社会の教育～関係性と方法』（いずれも、創風社）『臨床教育学序説』（共著、柏書房）『子ども集団づくり入門～学級・学校が変わる』（共著、明治図書）他。

子どもの荒れに
どう向き合うか

●二〇〇七年　二　月一〇日――――第一刷発行

著　者／杉田雄二・折出健二

発行所／株式会社　高文研
東京都千代田区猿楽町二−一−八
三恵ビル（〒一〇一＝〇〇六四）
電話　03＝3295＝3415
振替　00160＝6＝18956
http://www.koubunken.co.jp

組版／株式会社WebD（ウェブ・ディー）

印刷・製本／株式会社シナノ

★万一、乱丁・落丁があったときは、送料当方負担でお取りかえいたします。

ISBN978-4-87498-375-1　C0037